**copyright** Circuito & Hedra
**edição brasileira©** Circuito 2020

**organização da coleção** Acácio Augusto e Renato Rezende
**edição** Jorge Sallum
**coedição** Felipe Musetti
**assistência editorial** Luca Jinkings
**capa** Ronaldo Alves
**ISBN** 978-85-9582-056-2

**conselho consultivo** Amilcar Parker,
Cecília Coimbra (TNM/RJ e UFF),
Edson Passetti (PUC-SP),
Eduardo Sterzi (UNICAMP),
Heliana Conde (UERJ),
João da Mata (SOMA),
Jorge Sallum (Hedra),
Margareth Rago (Unicamp),
Priscila Vieira (UFPR),
Salvador Schavelzon (UNIFESP),
Thiago Rodrigues (UFF)

*Grafia atualizada segundo o Acordo Ortográfico da Língua*
*Portuguesa de 1990, em vigor no Brasil desde 2009.*

Dados Internacionais de Catalogação na Publicação – CIP

---

C824    Corrêa, Murilo Duarte Costa
Filosofia black bloc / Murilo Duarte Costa Corrêa. Apresentação de Bruno Cava. Prefácio de Peter Pál Pelbart. – Rio de Janeiro: Circuito, 2020. (Coleção Ataque)
164 p.: Il.

ISBN 978-85-9582-056-2

1. Filosofia. 2. Filosofia política. 3. Movimentos sociais. 4. Sistema político. 5. Controle social 6. Junho de 2013. 7. Black Bloc I. Título. II. Série. III. Cava, Bruno. IV. Pelbart, Peter Pál.

CDU 329                                                     CDD 320

---

*Direitos reservados em língua*
*portuguesa somente para o Brasil*

EDITORA CIRCUITO LTDA.
Rua Visconde de Inhaúma, 134, grupo 1215 - Centro
20091-007, Rio de Janeiro-RJ, Brasil
Telefone/Fax +55 21 2205 3236

editoracircuito.com.br

Foi feito o depósito legal.

# FILOSOFIA BLACK BLOC
Murilo Duarte Costa Corrêa

1ª edição

## hedra
Rio de Janeiro   2020

▷ **Filosofia black bloc** volta o olhar para quando, em junho de 2013, em meio à maior erupção social das últimas décadas, o black bloc ganhou os holofotes como nova prática de luta e manifestação. Analistas à direita e à esquerda foram impelidos a abordar o movimento, quase sempre municiando um repertório conceitual incompatível com os significados do black bloc, sem compreendê-lo em seus próprios termos. Murilo Duarte Costa Corrêa, com vastas referências sobretudo no pós-estruturalismo francês, procura suprir essa carência e conceber um arcabouço teórico que permita abordar o black bloc como fenômeno. Produzir, no pensamento, uma filosofia black bloc.

▷ **Murilo Duarte Costa Corrêa** é Professor Adjunto de Teoria Política na Faculdade de Direito da Universidade Estadual de Ponta Grossa (DDE/UEPG), além de Affiliated Researcher na Faculty of Law and Criminology da Vrije Universiteit Brussel, onde realizou estágio de pós-doutorado com pesquisa sobre a filosofia do campo social de Gilles Deleuze. Assina como autor *Direito e Ruptura: ensaios para uma filosofia do direito na imanência*, e é também organizador de *O estado de exceção e as formas jurídicas* e *Pensar a Netflix: séries de pop filosofia e política*, se destacando em pesquisas interdisciplinares nas áreas do Direito, da Filosofia, da Teoria Social e da Teoria Política.

# Sumário

Apresentação, *por Bruno Cava* .................. 11
Prefácio, *por Peter Pál Pelbart* .................. 15

FILOSOFIA BLACK BLOC ................. 17

Manual de Junho .................... 19
O Estado contra o black bloc　20
Pensar o black bloc　24
Agenciamentos　27
Panis et circencis .................... 31
Tudo começou com o corpo　31
Soltei os tigres e os leões nos quintais　41
Contra o rosto .................... 47
E o que me resta é só um gemido　48
Minh'alma cativa　49
Quebrei a lança, lancei no espaço　57
«Não tinha rosto. Eu oferecia meu corpo»　61
Filosofia dos corpos misturados .................... 67
Vamos pôr um cu na vitrine　68
Olho por olho　79
Beaglepolitik .................... 89
O corpo é um bicho　89
O homem é o fuleco do homem　103
Etologia black bloc .................... 115
Eu digo não　116
Eu digo não ao não　124

Devir black bloc . . . . . . . . . . . . . . . . . . . . . . . . . . . 139
Devir-ninguém                                                        143
Devir-qualquer um                                                    146
Devir-todo mundo                                                     150
Procuram-se armas . . . . . . . . . . . . . . . . . . . . . . . . . 155

A COLEÇÃO ATAQUE *irrompe sob efeito de junho de 2013. Esse acontecimento recente da história das lutas sociais no Brasil, a um só tempo, ecoa combates passados e lança novas dimensões para os enfrentamentos presentes. O critério zero da coleção é o choque com os poderes ocorrido durante as jornadas de junho, mas não só. Busca-se captar ao menos uma pequena parte do fluxo de radicalidade (anti)política que escorre pelo planeta a despeito da tristeza cívica ordenada no discurso da esquerda institucionalizada. Um contrafluxo ao que se convencionou chamar de onda conservadora. Os textos reunidos são, nesse sentido, anárquicos, mas não apenas de autores e temas ligados aos anarquismos. Versam sobre batalhas de rua, grupos de enfrentamento das forças policiais, demolição da forma-prisão que ultrapassa os limites da prisão-prédio. Trazem também análises sobre os modos de controle social e sobre o terror do racismo de Estado. Enfim, temas de enfrentamento com escritas que possuem um alvo. O nome da coleção foi tomado de um antigo selo punk de São Paulo que, em 1985, lançou a coletânea* Ataque Sonoro. *Na capa do disco dois mísseis, um soviético e outro estadunidense, apontam para a cidade de São Paulo, uma metrópole do que ainda se chamava de terceiro mundo. Um anúncio, feito ao estilo audaz dos punks, do que estava em jogo: as forças rivais atuam juntas contra o que não é governado por uma delas. Se a configuração mudou de lá para cá, a lógica e os alvos seguem os mesmos. Diante das mediações e identidades políticas, os textos desta coleção optam pela tática do ataque frontal, conjurando as falsas dicotomias que organizam a estratégia da ordem. Livros curtos para serem levados no bolso, na mochila ou na bolsa, como pedras ou coquetéis molotov. Pensamento-tática que anima o enfrentamento colado à urgência do presente. Ao serem lançados, não se espera desses livros mais do que efeitos de antipoder, como a beleza de exibições pirotécnicas. Não há ordem, programa, receita ou estratégia a serem seguidos. Ao atacar radicalmente a única esperança possível é que se perca o controle e, como isso, dançar com o caos dentro de si. Que as leituras produzam efeitos no seu corpo.*

ACÁCIO AUGUSTO *&* RENATO REZENDE

*Paratodos*

*[...] apenas discordamos disso com afeto.*

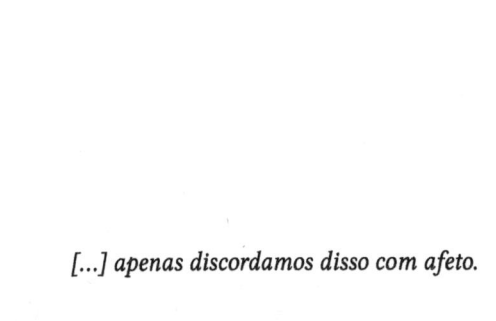

# Apresentação

BRUNO CAVA[*]

Quando conheci o Murilo, mal pude acreditar que tinha diante dos olhos o autor de tantos textos de ataque — no sentido musical do termo — que eu admiro. Aquele corpo franzino, branquinho, com óculos de aro circular e um visual meio "Harry Potter" (sobre o qual ele mesmo faz troça) podia modular a escrita segundo um envelope bastante amplo de intensidades. O mesmo autor que, em 18 de junho, no auge da mobilização de 2013, escrevia em seu blog pessoal *A navalha de Dali* que "A liberdade só deixa de ser um conceito abstrato na medida em que se converte em revolta profunda e real". O mesmo que, em meio a uma campanha geral de descrédito e criminalização, conseguia enxergar o que de singular há no fenômeno brasileiro dos black blocs. Enxergava e, por meio da escrita, prolongava. Porque o black bloc, no levante da multidão, tem sido antes um efeito multiplicador e transformador, mais do que qualquer grupo orgânico, apaziguado numa identidade visual. O black bloc é algo que acontece.

---

[*]. Mestre em Filosofia e Teoria do Direito (UERJ) e professor de cursos livres. É autor de *A multidão foi ao deserto* (Annablume, 2013) e coautor de *A terra treme: Leituras do Brasil de 2013 a 2016* (Annablume, 2016) e *A Constituição do Comum* (Revan, 2017). Organizou, com Murilo Duarte Costa Corrêa, *Pensar a Netflix: Séries de pop filosofia e política* (D'Plácido, 2018). Mantém, no Youtube, o canal *HorAzul*.

Meu interesse comum com o Murilo costuma ser o pós-estruturalismo francês: Michel Foucault, Gilles Deleuze, Félix Guattari e quejandos. Mas não pense o potencial leitor, que agora cheira estas linhas, que tem nas mãos um livro recheado de jargões e paralogismos anistóricos — um livro "pós-moderno", na acepção ruim do termo, escrito para *hipsters* refugiados da rua em uma espécie de esnobismo cult. Não há nada aqui que possa ser mais distante do relativismo, de valores flutuantes e não-referenciais, ou da morte do sujeito celebrada *em si mesma* — sem casar o esforço da destruição com a alegria da criação. Murilo é um leitor intensivo e rigoroso, mefistofélico, e cultiva o mau hábito de atualizar "teorias viajantes" segundo manobras impensadas.

Neste, Foucault, Deleuze, Guattari etc. se encontram com Tom Zé, Décio Pignatari, Caetano Veloso, Rita Lee, Gilberto Gil e, eminência parda do livro, Oswald de Andrade. Murilo, com grande efeito, provoca uma afinidade eletiva. Mas também é um livro em que o pós-estruturalismo francês viaja para reencontrar — outra vez diferente! — as barricadas e o fogo político agenciador de investimentos libidinais, que os "pós-modernos" esqueceram. Se a apreensão *radical chic* da "teoria francesa", de extração norte-americana, fez de tudo para confiná-la a galerias, libretos de vanguarda e o "alto circuito" das artes, aqui, Murilo se deixa chinchar o pensamento pelos blacks blocs para conferir à teoria a potência e o sentido políticos que o evento reclama. Pois estética e estilo — o dos black blocs é *all over* — têm tudo a ver com política. Em chave etnográfica, comparece também Pierre Clastres, ativado na medida em que o tema do livro é, sobretudo, uma *anticomunidade*: como as tribos quinhentistas das terras baixas sul-americanas, é uma em permanente processo de desfiliação e conjuração do estado.

A crítica radical da metafísica da presença não vem substituída por um retorno nostálgico à "presença selvagem", do corpo em carne e osso, aqui e agora. Como se, diante da inapelável execução do sujeito, não nos sobrasse outra alternativa senão voltar a sentir-nos vivos pulando de *bungee jump*, se acabando em raves pós-punks ou exercendo deliberadamente o donjuanismo. Esses seriam tempos mortos, homogêneos, cuja intensidade repete, indiferente, o mesmo ego girando ao redor da falta. Seria a única alternativa em tempos de black blocs? A resposta de Murilo é não. A desterritorialização do sujeito autocentrado e autoportante da modernidade não significa, pois, que outros corpos não possam ser recompostos — politicamente, esteticamente — no comum das barricadas, na expressão constituinte, na arte violenta dos encontros amorosos pela cidade. Este é um livro sobre o que os corpos podem, corpos que nas ruas e redes desembotam e recuperam o viço. Diriam Deleuze e Guattari, desterritorializar não funciona sem a reterritorialização. "Toda ação black bloc se define como a criação de um entretempo onde a política se tornou possível." Fazer corpo político é também constituir outra terra.

Murilo sabe muito bem, sim, fazer corpo — um híbrido, um devir-black bloc, um Harry Potter subdesenvolvido das cavernas. Este livro testemunha a sua vitalidade irreverente, ele próprio um importante momento da recomposição político-corporal que estamos vivendo.

# Prefácio

PETER PÁL PELBART[*]

Prepare-se o leitor. Não há neste livro-manifesto uma única frase que não seja pura irreverência, provocação, argúcia, arremesso teórico. Ao abordar a atitude black bloc, o autor opera uma reversão impiedosa: tira a máscara da democracia ocidental e de sua versão brasileira. Sim, desta que invoca constantemente a paz social, embora se assente na violência cotidiana do Estado, que garante a aberração socioeconômica, jurídica, politiqueira e midiática.

Ao leitor é oferecida aqui uma chave que devolve sentido àquilo que parecia vandalismo, baderna, anarquia, niilismo. Quando invoca a cumplicidade entre a violência e o Estado, o rosto e a captura, o contrato e a obediência, a mídia e a disciplina simbólica, aparece o sentido da ação direta que visa, através do corpo, "contestar abertamente a repartição entre legalismos e ilegalismos".

As táticas black bloc, portanto, são entendidas como uma contraconduta física que dessacraliza o ordenamento jurídico, expõe a violência do Estado, bem como as iniciativas de criminalização da manifestação política: "Toda revolta é, em primeiro lugar, a recusa profunda, afetiva e vital da repartição do lícito e do ilícito. Por isso, ela margeia estrategicamente o ilícito, vaga nos limiares indecisos da lei".

---

[*]. Filósofo e ensaísta, é Professor Titular do Departamento de Filosofia (PUC-SP).

Mas nada aqui é austero — há muito humor, etologia, música, poesia: a defesa do *bicho* contra a barbárie civilizada, do *happening* contra os códigos morais, bem como conexões inusitadas com o tropicalismo e a estética concretista, Tom Zé, Caetano, Décio Pignatari ("o Brasil está um cu"), filosofemas de procedências diversas ("Amarildo, não o *homo sacer*, é o corpo político paradigmático da legalidade de democracia aparente do Brasil contemporâneo").

O leitor pode concordar ou discordar, ficar irritado e até furioso com este libelo, ou apreciá-lo e se deliciar, mas não pode deixar de reconhecer que Murilo Duarte Costa Corrêa, formado em Filosofia do Direito, nos ajuda a entender um dos pontos mais cegos dos movimentos iniciados em Junho nas cidades brasileiras.

A defesa radical de uma democratização do pensamento no Brasil também passa por esta abertura — a de acompanhar o esboço de um pensamento black bloc, cujos frutos e efeitos ninguém tem como antecipar.

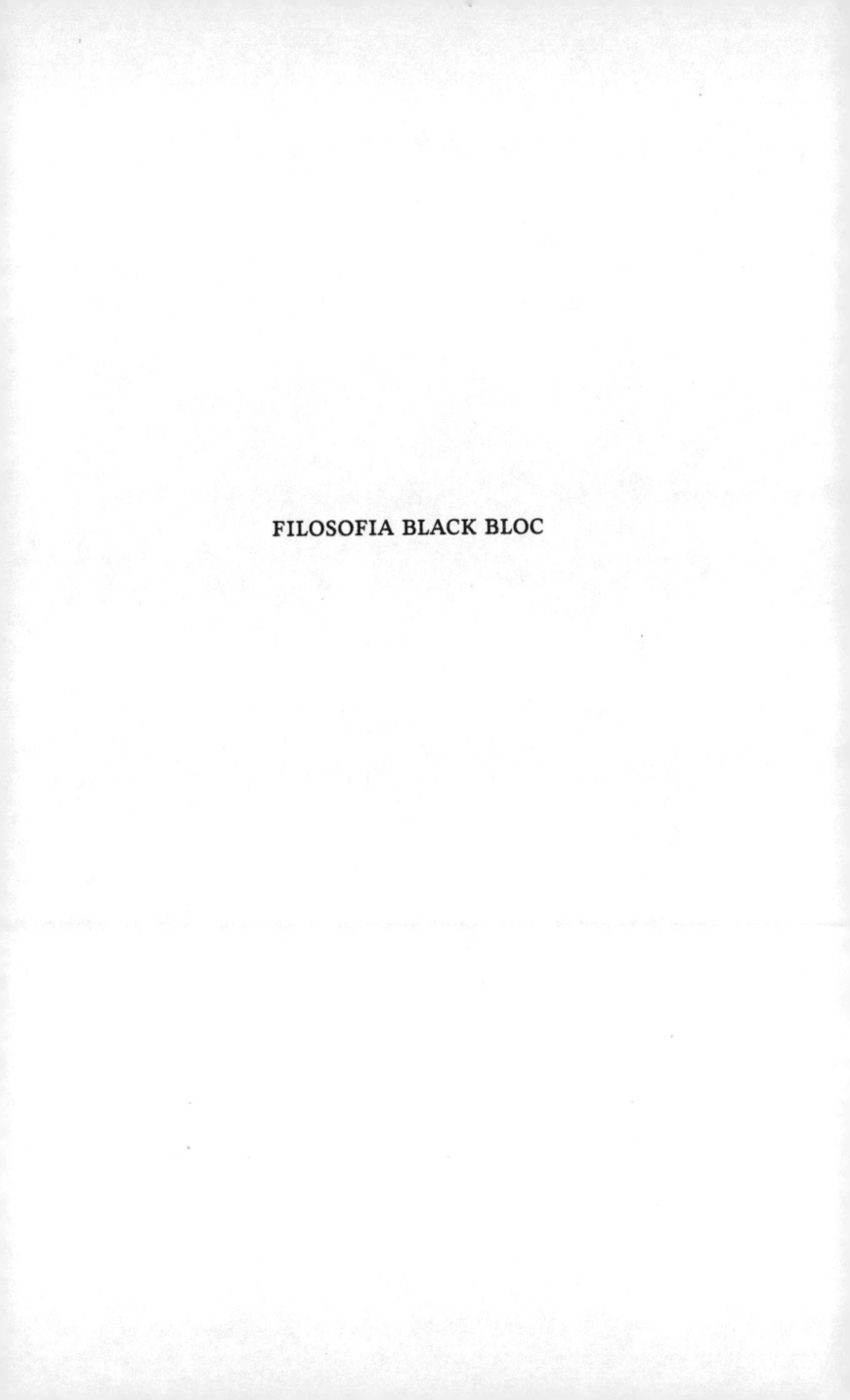

# FILOSOFIA BLACK BLOC

## Manual de Junho

Cinco anos depois, Junho de 2013 continua a ser o evento recente mais enigmático e o mais pregnante para compreender os destinos da política no Brasil contemporâneo. As ruas daqueles dias testemunharam o transbordamento da matéria múltipla e em movimento de que o desejo social é feito. Com seus perigos e chances, correntes de desejo e crença afluíram nas noites das metrópoles; aos seus fluxos, seguiu-se um grande número de trabalhos que, sob o pretexto de analisar os elementos conjunturais que favoreceram a emergência dos protestos, disputavam a semântica do levante brasileiro (Ortellado 2017).

Isso instaurou um cenário analítico em que a aparente heterogeneidade das leituras sobre Junho contrastava com a submissão do evento a toda sorte de interpretações autocomplacentes que — apesar da variedade — deixavam escapar a matéria efetivamente plural e em movimento de que Junho foi feito. Escrevendo a fórceps, e premida pela urgência de oferecer respostas diante da corrosão das velhas categorias, a crítica política nacional perdeu a oportunidade de compreender Junho em meio a leituras parciais do fenômeno e, ao mesmo tempo, carregadas de pretensões de totalidade. De lá para cá, não cessamos de fazer funcionar as nossas velhas armas teóricas como gastos leitos de Procusto.

Apesar de as interpretações autocomplacentes seguirem mutilando o essencial, compreender Junho é o esforço coletivo para transcrever a multiplicidade das forças sociais e políticas que emergiram durante aqueles dias e noites: o levante foi um acontecimento do comum (Cava e Mendes 2017: 21–23); foi a expressão de multiplicidades de linhas de fuga que definem um campo social.

## O ESTADO CONTRA O BLACK BLOC

Quando a maior parte dos analistas resolveu analisar Junho mais em termos de ato que de potência, mais em termos de atualidade nua do que de diferença social e política, era sinal de que os intelectuais cumpriam seu papel na divisão social do trabalho: esgotar o acontecimento-Junho, submetendo as multiplicidades rizomórficas de desejo e de crença daqueles dias e noites ao molde cômodo das grandes categorias segmentares e de Estado.[1] Seu efeito é o de bloquear antecipadamente qualquer interpretação de Junho que não passe pelo filtro das categorias "maiores" — os binarismos que servem para fixar e codificar as linhas de criatividade que definem um campo social em função de referenciais preestabelecidos —, forcluindo (Lacan 1966: 558) todo o resto: isto é, todas as constelações de fugas sociais e políticas possíveis.

Com isso, tentavam liquidar a possibilidade de pensar Junho em seus próprios termos, submetendo as multiplicidades do acontecimento à avaliação homogênea de seus impactos na esfera tradicional da política. Não cessamos de ler Junho sob o ponto de vista de Brasília, dos palácios de governo, dos partidos recusados pelas multidões, da surpresa e da inércia dos poderes constituídos, da decadência da representação formal, das ficções democráticas fissuradas, das categorias de classe cerradas para o social, das noções consumeristas de serviços públicos ou das relações laxistas e

---

[1]. Eis o ponto em que "o pensamento toma emprestado sua imagem propriamente filosófica do Estado como bela interioridade substancial ou subjetiva" (Deleuze 1998: 21).

abstratas travadas entre sociedade e Estado. Pensar Junho nesses termos torna-se então "capturar e destruir" sua potência específica. Não é por acaso que boa parte das interpretações de intelectuais se parece tanto com os discursos de políticos, policiais ou jornalistas da grande imprensa que vimos circular naqueles dias (e. g., Chauí 2013; Souza 2015; Nogueira 2014; Rosenfeld 2014).

Não se trata de afirmar a existência de um bloco de leituras homogêneas. Alguns intérpretes de Junho (e. g., Pinto Neto 2013; Cocco 2014; Arantes 2014; Nunes 2014; Avelar, 2017; Cava e Mendes 2017) leram o acontecimento em seu terreno imanente. No entanto, trata-se de exceções que confirmam a regra: a maior parte das análises dedicadas a Junho preteriu o acontecimento em razão das explicações globais, das categorias segmentares e das ciências maiores (Deleuze e Guattari 2007: 24–43). Sem serem afetados por Junho, continuaram a fazer do pensamento uma dobra da forma-Estado, e deram à luz um dos mais orgânicos e tesos dispositivos de saber-poder dos últimos decênios, neutralizando os traços de uma emergência efetiva contida em Junho. No âmbito do pensamento, esse intelectuais foram a encarnação do Estado contra Junho.

Suas análises aparentemente heterogêneas resultaram especialmente similares com relação ao black bloc. Entre analistas representantes de espectros políticos bastante distintos, é possível encontrar descrições multifatoriais das razões que teriam levado aos protestos: a "ausência de correspondência entre carga tributária e serviços públicos" (Figueiredo 2014: 63); a "crise de valores enfrentada pela sociedade brasileira" (Rosenfeld 2014: 139); uma "crise de longa duração" atribuída à "falta de dirigismo político dos governos do PT" (Nogueira 2013: 21–22); e a possibilidade de "fazer demandas aos poderes constituídos" (Chauí 2013). É possível ouvir, sob essas interpretações autocomplacentes, ecos que vão das ambições capitalísticas nada subterrâneas da FIESP à categoria de guerra de posição de Antonio Gramsci.

Ney Figueiredo (2014: 63) destaca os significativos "prejuízos materiais do comércio e do sistema bancário" com as depredações; Denis Rosenfeld (2014: 139-143) qualifica o black bloc como "grupos que depredam e saqueiam, parecendo ser meros criminosos comuns quando, na verdade, são agremiações políticas cujo propósito é levar o país a uma crise institucional", "grupos de ideologia anarquista/socialista/comunista, de espírito [...] contrário à economia de mercado, ao direito de propriedade, ao estado de direito"; à esquerda, Marilena Chauí (2013) afirmou encontrar no black bloc tendências "mais fascistas do que anarquistas", desqualificando-os como sujeitos revolucionários na medida em que não têm "uma visão do que é inaceitável no presente e qual a institucionalidade futura que se pretende construir"; por fim, Marco Aurélio Nogueira (2013: 102-103), além de reafirmar que o black bloc atua "com táticas fascistas", afirma se tratar de "minorias do mal" que agem para "humilhar as maiorias. [...] Não querem confluir para nenhuma maioria, porque acham que as maiorias são passivas e 'dóceis'. [...] Usam máscaras porque precisam de identidade. [...] não são progressistas, nem muito menos radicais da democracia". Finalmente, "o que sobra de suas ações é péssimo para a democracia e a reforma social".

Apesar de estarem politicamente distantes entre si, os textos citados permitem perceber que os adeptos da tática black bloc foram qualificados à direita e à esquerda como ameaças violentas e "fascistas" à ordem democrática liberal, e acusados de atuar de forma niilista e antipolítica. Entre intelectuais de esquerda e de direita, os conteúdos semânticos desses termos variam significativamente, mas é interessante notar como o black bloc foi objeto de uma recusa visceral e em bloco por intérpretes de praticamente todos os matizes políticos representados na esfera formal. De onde viesse o discurso, uma coisa era certa: os black blocs deveriam ser repudiados pela sociedade como um fenômeno antissocial e reprimidos pelo Estado como criminosos políticos — quando não como criminosos comuns, uma vez que não exprimiam qualquer reivindicação legítima.

Um outro filão da esquerda tradicional, que se encontra bem representada pelo recente livro de Eugenio Bucci (2016), analisou as ações diretas da tática black bloc sob o ponto de vista de sua relação com a performance, criticando-as por sua suposta solidariedade com os circuitos capitalistas ativados na sociedade do espetáculo. A tese de Bucci produz uma dupla neutralização: de um lado, Junho é apresentado como um fenômeno mais cultural do que político, alienado à forma do espetáculo e do desejo coletivo curvado à imagem (Bucci 2016: 118) — como se o espetáculo e a imagem não fossem em si mesmos políticos; de outro, na era da produção industrial do imaginário e do entretenimento, quando olhar e trabalhar se convertem em uma só e mesma coisa (Bucci 2016: 136), "a estética dos protestos de rua [...] passa pelo capital" (Bucci 2016: 125), e o black bloc é definido como um clichê, um modelo de comportamento emergente que permite ao telespectador um gozo escópico — por atração ou repulsão — e ao adepto da tática, um mais-de-gozar no olhar do mundo (Bucci 2016: 134). Com efeito, seria de se perguntar que tipo de ação política não se encontra, hoje, engastada de algum modo nos circuitos do capital, do espetáculo ou do valor de gozo, especialmente se as nossas sociedades passam a ser organizadas por referenciais perversos (Melman 2003: 51–52). Haverá, para a ação política, um "fora" da perversão do espetáculo ou do ecumenismo do capital? Ou não encontramos perversão também precisamente no olhar de quem, gozando, delata o gozo no olhar ou o mais-de-gozar no ato político alheio?

Essas obras conservam também um paralelismo formal notável. Nelas, o black bloc aparece como um fenômeno lateral, minoritário e secundário relacionado a Junho, do qual parece ser necessário desembaraçar a análise o mais rápido possível para se poder chegar ao seu núcleo efetivamente político. A forma pela qual isso geralmente se processa consiste em descrever suas ações de maneira aparentemente imparcial, deduzir sua apoliticidade, discutir seu caráter violento, concluir pela sua incompatibilidade com a democracia e desconectá-las das manifestações majoritárias, politizadas e pacíficas. Descartando suas expressões supostamente antipolíticas e selvagens, os analistas podem dedicar-se a descrever um Junho domesticado. A última fronteira em que o Estado combate o black bloc é ao domesticar o pensamento de Junho, ao submeter o evento a uma intelectualidade de Estado.

## PENSAR O BLACK BLOC

Nesses termos, o black bloc é tratado analiticamente como um subconjunto sem relação com as demandas do campo social; é literalmente anulado como sujeito político. Talvez por isso seja relativamente raro encontrar nas obras sobre Junho capítulos dedicados a analisar o black bloc, ou mesmo livros. Geralmente, a análise se liga à necessidade de discutir a legitimidade política do uso da violência nos protestos. Isso é sintomático porque, ao mesmo tempo em que muitos desses intérpretes não cessam de tentar varrer o fenômeno para debaixo do tapete analítico, o black bloc parece se acumular, escapar e retornar a todo instante, não raro como o elemento violento que permitiria determinar a novidade específica de Junho (Gohn 2014: 76), ou como o elemento que permitiria distinguir claramente entre manifestantes politizados e vândalos programaticamente niilistas (Nogueira 2013: 102–103). Com efeito, o truísmo de que as ações diretas são intrinsecamente violentas é constantemente reafirmado, embora o conceito de violência seja sempre um pressuposto não-analisado[2].

De outro lado, é preciso registrar a menos ruidosa publicação de textos como "Black Blocs" (Dupuis-Déri 2014) e "Mascarados" (Solano et al. 2014), que contribuíram para colocar em perspectiva a política do black bloc suspendendo a disputa sobre a semântica de Junho. Enquanto Dupuis-Déri oferece uma pesquisa densa e informativa sobre a genealogia da tática no cenário global, Esther Solano produz uma pesquisa de campo com os adeptos da tática em São Paulo. "Black blocs" descreve o fenômeno a partir de seus traços históricos, estéticos, políticos e táticos mais globais, e "Mascarados" traça um perfil social, existencial e político das pessoas que se encontram por trás das máscaras: jovens de classe média-baixa, usuários dos serviços públicos, trabalhadores precários, relativamente politizados, que confrontam de maneira violenta – e, às vezes, reprovável – a violência sistêmica e a precariedade do Estado brasileiro (Solano et al. 2014: 17–43).

A corajosa beleza da pesquisa de Esther está no fato de que a etnografia faz falar as vozes silenciadas, perguntando "quem são?", "quais as causas do enfrentamento?", "qual a mensagem por trás das máscaras e das ações diretas?", "o que entendem por

---

2. Um exemplar pode ser encontrado no texto de Maria da Glória Gohn (2014: 76–77), em um trecho que se dispõe a definir violência, mas não consegue oferecer qualquer conceito claro e determinado para o contexto da violência imputada automaticamente às ações diretas: "Há várias interpretações na literatura contemporânea sobre a violência. Seu significado é amplo e contraditório, depende do ponto de vista do autor do discurso. Pode aparecer como resultado de tensões e conflitos nos atos de cidadania insurgente, tendo por base um repertório universalista de direitos [...]; ou como fruto de contextos situacional e relacional [...]. Em qualquer vertente, ela surge como algo construído a partir da ação de indivíduos nas suas relações sociais e nos contextos sociopolíticos e culturais que vivenciam, atribuindo significados a seus atos e discursos [...]. Atos de violência contra o patrimônio público e privado ocorreram em junho de 2013 [...]". Para uma discussão mais informada e contextualizada do conceito de violência, cf. Francis Dupuis-Déri (2014: 79–118).

violência?" etc. Essa operação sensível faz perceber que, sob as máscaras, há pessoas e sonhos, insiste uma cultura política viva sob um conjunto de comportamentos aparentemente estereotipados ou espetaculares. No entanto, eis o limite interior à pesquisa etnográfica: ela pode revelar as pessoas sob as máscaras, as suas relações com o heterogêneo (indivíduos, grupos, instituições etc.), induzindo certos traços holísticos; mas tende, sempre, à definição de um grupo.

Se quisermos levar Junho a sério, é preciso levar o black bloc a sério e produzir um modo do pensamento que corresponda ao fenômeno. Não perguntar "o que é o black bloc?", mas como o black bloc nos violenta a pensar — já que pensar é a menos inata das atividades (Deleuze 2006: 214). Produzir, no pensamento, o devir-black bloc da filosofia; criar uma filosofia black bloc. Talvez não baste escutar as vozes silenciadas e dar voz a elas; é preciso perguntar, também, de que outras forças, de que outros gritos e de que outros mundos possíveis essas vozes são a expressão? Que povo por vir elas prenunciam? Para tanto, é preciso conjugar as superfícies pessoais e as identificações de grupo, expressas nos achados etnográficos, com a descrição micropolítica das linhas de fuga e de ruptura que definem um campo social.

Jamais estivemos verdadeiramente à altura de enfrentar o problema que o black bloc nos propõe em toda a sua extensão. Isso requer que suspendamos por um momento o juízo moral e as questões contumazes: "o que é o black bloc?", "quem são os adeptos da tática?", "são justificáveis, violentas ou lícitas as ações diretas?", "como lidar com alguns efeitos trágicos?". É urgente mergulhar na profunda antiontologia que o black bloc encarna. Aposentemos a ideia do black bloc como um subconjunto social de Junho de 2013, passível de identificar-se com um grupo de jovens subproletários, relativamente politizados, usuários de transportes públicos, para fazer o black bloc funcionar como um analisador geral do tipo de vetor sociopolítico que esteve em jogo nos levantes. Para tanto, não basta tornar visível o ponto de vista por trás das máscaras, é preciso tornar as máscaras mesmas um ponto de vista e, através dele, fazê-las falar: eis o que converte a etnografia em uma potente antropologia política, capaz de demarcar as linhas gerais de ataque que o black bloc distendeu — não como grupo, nem como tática, mas na dupla condição de singularidade política daqueles dias de Junho e de força capaz de afetar o pensamento.

*Niilismo*, 2013

### AGENCIAMENTOS

A única violência cometida pelo black bloc foi nos levar a pensar. Foi impedir que permanecêssemos estúpidos no seio de uma possibilidade unicamente abstrata do pensamento. Nem vitrines, nem caixas eletrônicos, nem câmeras de vigilância destruídas ou carros da polícia tombados ou incendiados. Nada disso é violência.

Seu único vandalismo é precisamente este: açoitar todos os inatismos, violentar a um modo de pensar a contrapelo dos tribunais *ad hoc* do juízo.

Um black bloc arremessa contra o que o real tem de insuportável uma outra forma de vida e de sensibilidade à qual é impossível permanecer indiferente. Gênese de afetos, produção de diferença a partir da indiferença. Não é por outra razão que seus críticos logo ameaçaram os intelectuais que assumiram posturas públicas de compreensão e análise de suas ações diretas e os acusaram de serem cúmplices ou responsáveis. Pensar em conexão corpórea com aquilo que nos *força* a pensar tornou-se um crime. A culpa é *a priori*, indubitável. E eles têm razão. Pensar a fenomenologia da revolta como corpo encarnado de uma ontologia da liberdade equivale a captar no ar uma *filosofia black bloc*: instaurar uma apologia proliferante. Nas suas margens, emerge tudo aquilo que se tornou insuportável em uma democracia de tradição autoritária e em um Estado de Direito em que a exceção foi transformada em regra para manter a seletividade funcional dos aparelhos de controle criminal e judiciário.

Nossos corpos torturados todos os dias por condições de trabalho e de vida inumanas, ou nos transportes coletivos, nossas vozes sufocadas pelos cartéis da liberdade de expressão, não aguentam mais. Eis os mil índices sutilizados de que jamais deixamos de ser aquilo que fomos para as ditaduras: corpos que não aguentam mais. Eis a condição material que permite entrever, porque a adianta, a reversão da primazia aristotélica do ato sobre a potência — tudo o que interessa para pensar são as potências dos corpos —, da primazia hobbesiana do instituído sobre o constituinte e da superioridade cartesiana do *cogito* sobre o corpo. Tudo se afirma de uma só vez na multidão contra o Um, se por multidão compreendermos multiplicidades de multiplicidades de corpos. Singularidades irredutíveis, os corpos jamais são ativados ao mesmo tempo ou afetados da mesma maneira. Todos eles se movem, porém, na univocidade de um desejo de multiplicar o múltiplo.

Agenciados entre si, seus afetos são como armas, propulsões, impulsos e projéteis capazes de rearticular todas as dimensões do tempo; testemunham uma vida inorgânica que atravessa a totalidade movente do real. Fim da Polícia Militar, democracia real, crise de representação, tarifa zero, passe livre, serviços públicos padrão FIFA, fim da cultura da impunidade, efetividade e ampliação dos direitos humanos, liberação animal — os corpos querem mais. Os corpos querem tudo e não têm modos: constituem os seus por invenção. Precipitam, no presente, algo que é da ordem de uma memória para o porvir. Eis o que torna a tarefa de uma *filosofia black bloc* uma espécie de classicismo metafísico: subtrair as imagens da revolta da forma política negativa a que foram lançadas pela opinião comum. *Sophía* contra a *doxa*. Trata-se ainda do gesto nietzschiano que, no fim da Genealogia da Moral, perscrutava, no seio aparentemente negativo do niilismo ascético, a positividade imanente do desejo: "Querer o Nada é ainda querer".

# Panis et circencis

*3,20? Só vendendo meu corpo*, 2013

## TUDO COMEÇOU COM O CORPO
### MAUS MODOS

Ouve-se o barulho dos talheres e pratos e a conversa à mesa. Bocas cheias mastigam. Convém prestar atenção à televisão. O rosto de um homem familiar, que veste uma voz grave e tem uma gravata, conta histórias das ruas. Parece que puseram fogo em um carro da televisão. Quebraram vidraças da prefeitura. Depredaram caixas eletrônicos. Saquearam as Lojas Americanas. Um orelhão queimou. Atiraram pedras. Construíram uma barricada. Bateram em um

Coronel. Fugiram. Picharam a estação do metrô. Tudo começou pacífico, mas terminou... terminou em vandalismo. É preciso dizer. É preciso usar as palavras corretas. Essa gente não tem ideais. São baderneiros, vândalos, bandidos, mascarados, bugios raivosos! Cobrem os rostos, os covardes. Deveriam estar presos! Direitos Humanos para humanos direitos! E os direitos humanos de quem tem de trafegar na Avenida Paulista? Pegar os filhos pequenos na escola? Os direitos humanos de quem deixou o carro parado na Avenida Brasil? Olha lá, começou a novela! Eu acho que o direito de cada um termina onde começa o do outro. Não pode parar a cidade inteira só para reivindicar... reivindicar o quê, mesmo? Ora, pensa bem: com o preço da passagem deve dar pra comprar um carro, um carrinho 1.0 que seja. IPI zero, juros baixos, duas mil parcelas. Você paga e nem sente. Por que esses filhos da puta não compram logo um carro? Um carro popular? Aí vão ver quanto é bom pagar IPVA! Onde já se viu?, ficar andando de ônibus. Tem é que morar mais perto, morar no centro, perto do trabalho. Como não se dão conta? É que não têm trabalho. Quer dizer, trabalho até tem, mas para quem quer trabalhar, né? Não gostam. São uns moleques..., ou bandidos. Mascarados de merda. Tem que matar esses filhos da puta. A PM tem que matar, não é possível. Isso não é gente. Ouvi dizer que recebem Bolsa-Família. Sim, sim, a guerrilha que financia. Ouvi dizer que com o dinheiro do mensalão. A cidade virou um campo de guerra. Isso que dá, votar num bando de guerrilheiros. Eu não votei. É bolsa-vagabundo. E um dia desses ainda vi um deles pulando a catraca. Claro: não pagam, a passagem aumenta! São uns vagabundos. Não são gente. A gente que é correto, paga imposto pra tudo, até pra respirar, trabalha. A gente não tem direito nenhum. Esses não são gente. Adoram uma baderna. Cem mil baderneiros na rua quebrando tudo. Por que não quebram a própria casa, hein? Queria saber. Quero mais é que

a polícia mate todos eles. Arruaceiros. Baderneiros. Desgraçados.
Por isso (bufa, afrouxa o colarinho) me atrasei para chegar em
casa. Só sei que eu não aguento mais sustentar vagabundo. Não
estão preocupados com nada, esses filhos da puta. Animais. Viver
ou morrer. Não importa. Não importa.

### AS PESSOAS NA SALA DE JANTAR

"O que conta aqui é justamente o descontrole, o processo claro
de inversão, de avessamento, de começar o jantar pelo meio, de
dispensar as cerimônias de nascer e morrer e errar o rumo dado, o
que, no caso, é viver, o gesto livre e propenso ao erro, que costuma
acontecer entre o nascimento e a morte" (Jaffe 2010: 34). O desejo
de libertação contra o ritual da sala de jantar. Eis os termos de uma
tensão que Celso Favaretto (2007: 102) identificava no coração de
*Panis et Circencis* — a canção-força, de Caetano Veloso, gravada
pela banda Os Mutantes no LP *Tropicália*, e que era, também, seu
subtítulo incidental. De alguma maneira, a tensão entre libertação
e ritual, desejo e sala de jantar, anunciaria nos termos simbólicos
dessa canção de Caetano uma espécie de triunfo de antevéspera da
ordem cotidiana contra *uma outra* ordem onírica, ou inconsciente,
que o surrealismo tropicalista distendia. Toda a liberação e todo
desejo parecem conjugar-se na forma passada e esconder-se sob
a subjetividade cada vez mais dissolvida de um "eu" cuja verdade
lírica é ser unicamente um "ele", terceira pessoa indefinida. Forma
quase-impessoal do *se* agenciada com uma dimensão dissolvente do
passado, que é também o inconsciente e o sonho. "Eu quis cantar",
"Mandei fazer", "Mandei plantar". Passado, inconsciente e imagens
de sonho, móveis e colorantes, se organizam em nome de um porvir
bloqueado. Era 1968. Era maio na Europa, mas, no Brasil, era
dezembro. O governo militar decretava a suspensão de uma série
de direitos e garantias fundamentais previstos na Constituição de

1967. Os aparatos policiais e judiciários funcionavam a todo vapor. Inventou-se a polícia militar. Os efetivos aquartelados saíram às ruas. Antes que o Brasil pudesse inventar seu próprio maio, em seus próprios termos, dezembro se antecipara. O verão bloqueava a eterna primavera autenticada. Triunfavam os afetos da ordem contra toda outra ordem de afetos que, até hoje, jamais cessaram de pulsar nos corpos. Assim como *Panis et Circencis* é a montagem e desmontagem de um imenso desfile de sonho interrompido pelos ruídos de uma conversa banal à mesa, e pelo tédio profundo da valsa vienense que a rodeia, 1968 permanece, em seu duplo sentido, um procedimento interrompido. 2013 teria sido o ano intempestivo em que a invenção de nosso próprio maio de 68 viria contestar a clandestina repetição daqueles velhos dezembros. O black bloc atestava sua emergência. Nova encruzilhada em que o passado, o inconsciente e as imagens de sonho inventariam um novo e singular agenciamento. Entre as ocupações de nascer e morrer, cometer o maior dos erros: a própria vida. Seja como for, tudo começou com o corpo.

Depois de muitos decênios de mudez e autismo político, de pactos hipnóticos e de compromissos vergonhosos, experimentamos, como uma lufada de ar novo, a emergência de eventos políticos de grande escala no Brasil. As multidões que invadiram as ruas das principais cidades do país não apenas fizeram de seus movimentos autônomos um espetáculo de reapropriação do espaço público; mais profundamente, as multidões reinventaram e ressignificaram este conceito que até então parecia bloqueado, ou definitivamente deposto pela violência performativa dos consensos eleitorais. As multidões das ruas deflagraram o que parece ser o mais significativo processo de acumulação primitiva de democracia desde a instauração dos programas de distribuição de renda dos governos Lula (2002-2010) — que, alguns anos mais tarde, mostrariam seu viés desenvolvimentista e autoritário — e, também, desde os movimentos pela redemocratização e pelo exercício do voto direto no Brasil, um pouco mais recuados. Os movimentos das redes e das ruas multiplicam em seus próprios corpos a capacidade de reabrir os horizontes do espaço público, de reinstaurar um potencial de invenção política de nossas formas de vida que parecia definitivamente alienado na forma de nossas instituições pretensamente democráticas e reconciliadas.

O encontro entre corpos de manifestantes e corpos policiais revela o sentido prático, e a apropriação politicamente útil, que nosso característico liberalismo autoritário tem feito do conceito vago de "Estado Democrático de Direito". Só se pode aferir a qualidade democrática das instituições quando com elas se confronta a figura de carne e osso, mas sem espessura, daquele que não tem direitos — os Amarildos que, virtualmente, somos cada um de nós frente às práticas ilegais do Estado e de sua burocracia empresarial —, ou quando essas instituições impotentes reprimem violentamente as expressões genuinamente democráticas que vêm das multidões heterogêneas das ruas.

As sociedades policiais forjam seus consensos e contratos inoculando o medo e a impotência para agir. Aprendemos o medo quando assimilamos que o direito é uma disciplina normativa coercitiva, violenta — mas, na defesa histérica do instituído, comumente corroboramos essa violência real que os Estados e suas polícias praticam para conservar o direito na finalidade mítica da segurança, da pacificação e em um conceito estéril de democracia — porque limitado à forma jurídica historicamente decantada do já instituído. Aprendemos a impotência e a servidão quando nos convencemos de que a violência política — potência específica que percorre nossos corpos individuais — deve ser alienada à forma-Estado, único ente supostamente capaz de produzir um acordo de todos com todos.

As multidões das ruas são a prova de que tudo isso, porém, não passa de mistificação contratualista, pacto hipnótico, alienação da potência comum na forma do Um. É por isso que o Estado e os poderes constituídos (o Um) as criminalizam sem cessar. É também a isso que se deve todo o esforço semiótico dos oligopólios midiáticos e das oligarquias intelectuais (à direita e à esquerda) para criar a cisão artificial entre o manifestante pacífico e o vândalo, violento e antidemocrático, que passa, cada vez mais, a ser considerado um criminoso *a priori* em virtude de pequenas ações que não constituem crime: vestir-se de preto, dissimular o rosto, usar máscaras, sentar-se em uma escadaria, formar um bloco, compor a linha de frente das manifestações, registrar (em celulares, câmeras fotográficas ou de vídeo) atos de depredação e de violência policial, "portar" substâncias comuns lícitas (como vinagre ou desinfetante, e. g.) etc.

Somos perversamente habituados a enxergar as vitrines de bancos ou os caixas eletrônicos como exemplares do direito democraticamente garantido de propriedade privada; porém, estamos sintomaticamente desacostumados a fazer o mesmo quando a propriedade coincide com as moradias miseráveis dos pobres nas ocupações, nos morros e favelas. Somos perversamente habituados a aceitar que agências bancárias tenham o direito de instalar ofendículas em calçadas públicas para impedir que mendigos durmam sob suas marquises à noite e importunem funcionários e clientes logo pela manhã. Nesse caso, porém, acreditamos que tudo siga a ordem natural das coisas: nenhum de nós ousa colocar em questão por que os bancos odeiam tanto os indigentes que sua própria taxa de juros fabrica sem cessar.

O Estado, a polícia e as mídias nos bombardeiam com imagens de depredação e vandalismo. O uso da semiótica do poder, dos termos "vândalo", "mascarado", "baderneiro", só não é maior que o *bodycounting* policial, que os altos índices de letalidade das ações policiais que sempre aconteceram nas periferias e, há poucos meses, com os protestos populares recentes, tornaram-se visíveis também nos centros das grandes cidades.[1]

Quando jovens mascarados e sem rosto surgem nas ruas para contestar essa ordem de coisas, é mais do que natural que sejam considerados criminosos. Todavia, o black bloc nada mais é — como os professores em greve do Rio atestaram — que o guarda-costas da multidão contra o Um, a linha de frente que impede que a violência policial tome maiores proporções, atinja os manifestantes "pacíficos", e também reage com certa violência, simbólica e dirigida a coisas, à intensificação da violência policial.

A estratégia de criminalização do black bloc não é apenas simbólica, mas jurídica. Sem qualquer fundamento plausível, na noite do dia 07 de outubro de 2013, delegados de São Paulo autuaram um casal de manifestantes com base na Lei de Segurança Nacional (Lei nº 7.170/83), uma lei de conteúdo ditatorial, antidemocrática,

---

[1]. Segundo dados da Anistia Internacional, publicados em 27 de março de 2012, as Polícias Militares do Rio de Janeiro e de São Paulo mataram mais pessoas em 2011 do que o total de executados por vinte países que possuem a pena capital instituída. Somados, os índices de letalidade das atuações das PMs do Rio e de São Paulo chegavam, só em 2011, à monstruosa cifra de 971 mortos, segundo o informe da Anistia Internacional; enquanto isso, os executados pela via da pena de morte em vinte países, somados, chegavam ao número de 670 no mesmo período. Já no informe 2016/2017 sobre o estado dos Direitos Humanos no mundo, a Anistia Internacional registra cifras ainda mais preocupantes. Entre janeiro e novembro de 2016, apenas no Estado do Rio de Janeiro, 811 pessoas foram mortas pela polícia. Esses números assustadores significam que as execuções extrajudiciais representam, no Brasil, a instituição paralegal da pena de morte, e têm por alvo privilegiado, segundo dados da Anistia Internacional, vítimas jovens, negras, do sexo masculino, residentes nas periferias das grandes metrópoles do país.

progênita do Ato Institucional nº 05, e que mesmo sob nosso pretenso regime democrático não foi, ainda, explicitamente revogada. Como a estratégia falhou, passaram aplicar ao black bloc a recente Lei 12.850, que define organização criminosa,[2] sendo que nada, na forma de ação política black bloc, corresponde ao tipo objetivo ("estrutura ordenada", "caracterizada pela divisão de tarefas, formal ou informalmente") ou ao tipo subjetivo ("com objetivo de obter, direta ou indiretamente, vantagem de qualquer natureza") da norma penal. Mesmo com certa demora, a tentativa de tipificação — mais política que jurídica — foi, inclusive, rechaçada pela Ordem dos Advogados do Brasil.

Não sendo bastante a covardia de criminalizar jovens que jamais tiveram sequer direito a voz nessa democracia seletiva, pela primeira vez, desde os anos de chumbo, temos presos políticos no Brasil e arriscamos ter presos por crime de opinião. O delegado da Delegacia de Repressão a Crimes de Informática (DRCI) do Estado do Rio de Janeiro, Gilson Perdigão, veio a público afirmar que "quem publica comentários ou fotos de apoio aos atos de vandalismo está cometendo crime".[3] Supostamente, aqueles que se manifestam publicamente em defesa do black bloc incorreriam no tipo de "Incitação à prática de crime", previsto no artigo 286 do Código Penal.

---

2. Lei Federal nº 12.850/2013, Art. 1º, § 1º. "Considera-se organização criminosa a associação de 4 (quatro) ou mais pessoas estruturalmente ordenada e caracterizada pela divisão de tarefas, ainda que informalmente, com objetivo de obter, direta ou indiretamente, vantagem de qualquer natureza, mediante a prática de infrações penais cujas penas máximas sejam superiores a 4 (quatro) anos, ou que sejam de caráter transnacional."

3. "Apologia de atos de violência nas redes sociais pode ser considerada crime". *O Globo*, 15/10/2013.

Ingressamos em uma esfera perigosa, do controle da expressão e da opinião política. O que está por trás da criminalização da mera opinião em redes sociais é, em primeiro plano, a tentativa de minar o principal lastro comunicacional e o meio organizativo dos manifestantes. Em segundo lugar, produzir certa disseminação social do medo, pois o menor gesto pode conduzir-nos à prisão. Finalmente, talvez, o medo que os poderes constituídos têm da simpatia que, malgrado todo o insistente bombardeio semiótico dos oligopólios midiáticos, o black bloc desperta. Um célebre apresentador de programas policiais fazia, em junho, uma enquete ao vivo em rede nacional com o tema "Você é a favor de protesto com baderna? Sim ou não?". É impossível esquecer o mal-estar coletivo do grupo de comunicação (que, talvez não por acaso, homenageia em seu patronímico um grupo de genocidas coloniais) pela surpreendente resposta da maioria. "Sim, sou a favor de protesto com baderna".[4]

Mais um signo de que o terror governamental é autorreferente parece ser o editorial publicado em 10 de outubro de 2013 na Gazeta do Povo, intitulado "cúmplices do vandalismo".[5] No texto, o editorial apócrifo afirma que "Tão preocupante quanto a violência dos black blocs é a construção, nas universidades, de um arcabouço teórico que justifica a depredação verificada em grandes cidades brasileiras". Eis o triplo sintoma: em primeiro lugar, sintoma daquilo que os poderes instituídos temem; em segundo lugar, sintoma daquilo que deveria ser a função institucional das universidades — educar para o conformismo tecnicizante, o que as peças publicitárias das universidades chamam eufemisticamente

---

4. Cf., sobre o episódio, o irônico "Será que formulamos mal a pergunta?", de Silvia Viana (*In:* Maricato et al. 2013: 53–58).
5. "Cúmplices do vandalismo". *Gazeta do Povo*, Editorial, 09/10/2013.

de "desenvolver habilidades e competências para inserção no mercado de trabalho"; em terceiro lugar, o editorial forja um sintoma revelador da estratégia de poder dos oligopólios da informação. Ignorando o princípio constitucional da liberdade de cátedra, criminalizam, nas entrelinhas, o exercício do pensamento ao mesmo tempo em que defendem a liberdade de informação e de opinião apenas dentro dos códigos que seus editoriais estipulam. Qualquer um que pense qualquer coisa fora dessa métrica, para além das margens da crítica social autorizada pela imprensa, transforma-se em vândalo ou cúmplice — e tudo se reduz à figura paradoxal do criminoso, símbolo daquele que, porque já detém todos os direitos que as "pessoas de bem" pretensamente não teriam, merece que nenhum deles seja respeitado. Seja como for, qualquer pensamento desviante do pensamento para o mercado e para o capital é considerado patológico ou criminoso. Qualquer forma de filosofia não-contratualista, que se exerça fora das margens críticas controladas pelos titulares do aparato expressivo oficial, se torna uma espécie de filosofia black bloc, filosofia vândala da *doxa* chancelada pelos valores sociais vigentes e neutralizada nas escolas e universidades.

Fomos condicionados a pensar nos termos que convêm a essa repartição histórica do poder: "se está mascarado no espaço público é porque deve alguma coisa, vai aprontar alguma, tem algo a esconder". É urgente desaprendê-lo. Jamais nos damos o direito de perguntar, por exemplo, "qual a qualidade democrática de instituições que não permitem a toda uma geração de jovens o exercício da liberdade fundamental, constitucionalmente assegurada, de manifestação, a não ser que dissimulem seus rostos?". O black bloc — grupamento de autodefesa da multidão nas lutas contra a violência policial e reação à violência sistêmica que, desde o golpe de 1964, não cessamos de repetir — nos força a reaprender a pensar politicamente nossos compromissos democráticos coletivos. É apenas no limiar do concreto, quando corpos confrontam os poderes constituídos, que se pode aferir a qualidade democrática das instituições do Estado. Se uma geração cobre seus rostos, é para tentar escapar à máquina de rostificação, identificação e culpabilização *a priori* a que estão sujeitos.

## SOLTEI OS TIGRES E OS LEÕES NOS QUINTAIS

*Malta*, 2013

#### MAPA

Primeiro foi Porto Alegre; depois, Natal, São Paulo, Goiânia e o Rio de Janeiro. Uma multidão de corpos indóceis e inúteis impede as vias públicas, para o tráfego eternamente estagnado das seis da tarde das grandes capitais e, paradoxalmente — dirão alguns —, em nome da liberdade de circular insujeitos pela cidade. Quem lhes teria dado esse direito — por tanto tempo exclusivo dos automóveis?

Os corpos jovens, liberados e frenéticos que entre 2013 e 2014 ocuparam as praças e as principais avenidas de grandes cidades em um movimento metarregional interromperam os fluxos do capital que as sucessivas isenções de IPI tornaram possível. É a potência e a *virtù* desses corpos indóceis e inúteis, insubmissos e nada comportados, que constitui o princípio de desarticulação das estratégias de poder que se dissimulam sob a questão da tarifa do transporte público nas grandes metrópoles. Eis o que torna urgente tentar lançar luzes sobre os protestos que se espalharam pelo Brasil, para muito além das frases efectistas e midiáticas, das gritas reativas daqueles que ocupam os postos discursivos por meio dos quais a grande mídia — a serviço do Estado e, sobretudo, dos interesses corporativos — tenta incessantemente controlar as margens de crítica social.

As vitrines quebradas — alvo aparentemente preferido desses corpos anarquistas — formam, ao lado das máscaras de Guy Fawkes, de *V for Vendetta*, e do lixo incendiado, o conjunto das grandes marcas simbólicas — ou melhor, demasiadamente inconscientes e reais — das passagens revoltas dos corpos pelas cidades. Eis alguns dos signos que permitem produzir uma genealogia dos acontecimentos de superfície que visa a romper com os quadros de inteligibilidade dados, e enxergar um pouco além do que, no movimento pelo passe livre e pela tarifa zero, parece ser meramente acidental. Trata-se de desentocar a própria potência política vital de que a coragem crua desses corpos se tornou depositária.

As vitrines estilhaçadas — nem sempre pelos manifestantes — nada mais são do que o acontecimento de superfície de um atentado contra o princípio de transparência e visibilidade de uma sociedade de controle em que os corpos são constantemente vigiados nas margens virtuais de seus gestos; basta um esboço ou um descuido para que o poder que transforma cada corpo em um sujeito, ou em um indivíduo, torne-se sutilmente eficaz e maquinal. Assim, subterraneamente, normalizações vão moldando cotidiana e continuamente, em um nível infralegal e parajudiciário, os corpos dóceis e úteis. À luz das patologias da normalidade que o poder implanta no coração das subjetividades que produz, tudo o que ameaça a tranquila normalidade do retorno para casa após um dia extenuante de trabalho só poderia significar um atentado à liberdade dos "cidadãos de bem" — esses efeitos do poder — que se comprazem em se comprimir uns contra os outros nos infinitos engarrafamentos das metrópoles ou no interior dos coletivos abarrotados; porém, esta não passa da perspectivação do fenômeno pela sensibilidade estrábica dos doentes de normalidade, os sujeitos constituídos pelas finas malhas de poder dos panoptismos que jamais deixaram de integrar as estratégias das sociedades disciplinares ou de controle. Como as vitrines estilhaçadas, deixadas para trás pelos corpos revoltos, não seriam, também, o signo do contrapoder que circula em corpos que se desejam anônimos, impessoais e inindividualizáveis?

Não se trata de fazer um elogio da violência; trata-se de evitar sacralizá-la nas ilegalidades cometidas pelas Polícias e pelos Estados pseudodemocráticos — como o Brasil revela ser. O poder circula pelos corpos das multidões. Assim como ele explode contra elas, nas ações criminosas legalizadas em aparência pelas formas jurídicas do Estado e do capital-dinheiro, ele também explode *a partir delas*. É nesse sentido que Antonio Negri (2006: 50) pudera afirmar que um protesto pode ser não-violento, mas jamais será pacífico — é com o poder que circula nos corpos que os contrapoderes, até então sujeitados, produzem sua rebelião profunda.

Esses corpos indóceis usam máscaras. É preciso compreender que para além da perspectiva da normalidade patológica, o gesto de dissimular o rosto no espaço público consiste na mais radical afirmação de democracia — especialmente quando um Estado que se predica de democrático reprime qualquer manifestação pública de forma tão sistemática e violenta que não deixa outra alternativa a seus cidadãos senão a de dissimular o rosto para ganhar as ruas e ver o enxame amorfo que pouco a pouco receberá o nome impronunciável, impessoal e politicamente monstruoso de multidão. Dissimular o rosto: a única forma pela qual essa multidão pode reapropriar-se do espaço público quando toda forma de dissidência parece ter se tornado virtualmente impossível. Tecida apenas de singularidades impessoais e precárias, é a própria multidão, constituída pela revolta profunda dos corpos, que relança suas potências, que ocupa as ruas, negando as identidades que o poder não cessou de tentar fixar sobre seus corpos agora libertos.

Eis as táticas simbólicas, afetivas e, a um só tempo, inconscientes mobilizadas a fim de liberar os corpos do jugo normalizante dos poderes de uma sociedade de controle que ainda conserva muitos dos aparatos de poder das sociedades disciplinares. Romper sua economia da transparência (as vitrines, os rostos, as identidades), destruir seu princípio de registro e controle contínuo (depredar câmeras de segurança ou a iluminação pública), apor seus signos e palavras de ordem que denunciam que, no limite, a partição entre o lícito e o ilícito, das formas jurídicas do Estado, esconde, sob sua superfície verminal, a repartição maquinal em que o poder seleciona ativamente certas ilegalidades para receberem a forma legalizadora e o empenho do direito de Soberania. Eis a macro-operação de poder capitalística que cobre com o véu da legalidade o infinito mapa de ilegalidades que essa comunidade de eus profundos coloca em questão: da máfia dos transportes públicos à das montadoras de automóveis; da máfia dos empresários do petróleo às atitudes censoras que constituem a práxis cotidiana da mídia; das violações de direitos civis que o Estado e a Polícia cometem sistematicamente às ilegalidades do Direito de exceção que já vige no país, mesmo antes da realização dos "grandes eventos" de 2014 e 2016, aos quais os corpos respondiam com toda a potência de sua recusa política: "Não vai ter Copa".

Quando os corpos destroem o princípio de controle sutil a que se encontravam submetidos — as disciplinas infinitesimais que produzem o sujeito e sua *belle âme*, que os colam a uma singularidade orgânica como efeito da insidiosa inscrição desses poderes nos corpos, e que classificam o bem e o mal, produzem e repartem o normal e o anormal —, tudo o que resta aos poderes constituídos é fazer valer as prerrogativas de um direito de Soberania. Isto é, só resta ao Estado aplicar à massa informe, rebelde e perigosa na qual os indivíduos dóceis subitamente se converteram às prerrogativas de violência, fiadoras de primeiro tempo das disciplinas fustigadas pelos contrapoderes que corpos indóceis e inúteis descobriram sob a superfície artificial e verminal de seus eus sociais. Assim, o Estado pode transformar-se em máquina de abolição completa — como não raro se transforma — e fazer da justiciabilidade dos "vândalos, anormais e insubmissos" um desnecessário e, sob todos os aspectos, injustificável e criminoso espetáculo de crueldade.

O lixo incendiado é o signo último desse combate. De um lado, a recusa das dejeções que o sistema de exploração capitalista amontoa e produz sem cessar; de outro, o princípio incendiário e contaminador que comunica a indisciplina e a insubmissão como princípio de abertura e questionamento radical de um corpo a outro; já não podermos falar em comunicação do aberto entre almas, porque a alma foi queimada com o fogo. Ela também é, de alguma forma, um dejeto incendiado que o poder fabricou.

Eis o que todo corpo insubmisso, indócil e inútil que ocupa — e ainda ocupará por muito tempo — os espaços públicos coloca em jogo: um devir indomável de nossas formas de viver e de pensar para o capital e para o mercado. Uma forma de reabrir o que parecia fechado, de combater o fechamento e as estases que o poder produz nos corpos sujeitados. Impedindo o trânsito violentamente, com a mesma intensa doçura de quem escreve em um cartaz: "Desculpe o transtorno. Estamos lutando por seus direitos", é o devir de todo um modelo de exercício de poder que esses corpos jovens, indóceis e inúteis tentam precipitar no aberto. O devir é o novo, o interessante, o vital que jamais cessa de estar em jogo — mesmo quando os corpos cedem ao poder ou se apaixonam por si mesmos. O devir é o princípio vital, virtual e inorgânico que já se encontra mobilizado por essas indomáveis existências políticas.

Eis o próprio tempo a colocar em xeque e a afetar irremediavelmente a totalidade das formas de vida que o poder produziu, e produz, como seus dejetos cotidianos: sujeitos, restos *ao lado*. Saímos às ruas e só encontramos máquinas desejantes, potências selvagens, tesão político. *Precipitar as formas de vida no devir*: o que podem esses corpos rebeldes não é pouco — sob nenhum aspecto.

# Contra o rosto

*Performance*, 1973

## E O QUE ME RESTA É SÓ UM GEMIDO

As sociedades contemporâneas já foram definidas como sociedades disciplinares, sociedades de normalização e sociedades de controle. Esses conceitos remetem a uma linhagem que se origina em meados da década de 1970 nas obras de Michel Foucault e se desdobra em horizontes conceituais tão heterogêneos quanto aqueles instaurados pelos trabalhos tardios de Gilles Deleuze, Antonio Negri, Costas Douzinas ou Maurizio Lazzarato. É da obra desse último que recolhemos a primeira proposição desse agenciamento *contra o rosto*: "os indivíduos e as classes nada mais são do que a captura, a integração e a diferenciação das multiplicidades" (Lazzarato 2006: 61). Deleuze (2008: 223) afirma que seria impossível compreender a passagem das sociedades disciplinares às sociedades de controle apenas a partir das transformações do capitalismo — antes, seria necessário compreendê-la a partir do que Lazzarato chamou, na obra de Deleuze, de "potência da multiplicidade", que se confunde com o *fora* que se pretende capturar.

A passagem de um esquema de governamentalidade a outro não é diacrônica (Foucault 2008: 10; Agamben 2008: 89). Não há transformação simples ou superação dialética, mas uma sucessão por compenetração, a gênese temporal e ontologicamente precária de híbridos flexíveis. A emergência das sociedades de controle — definidas segundo a difusão imanente dos dispositivos de controle pela totalidade do campo social (Negri 2008: 39) — não implica o desaparecimento dos dispositivos disciplinares, mas a integração das estratégias de controle desenvolvidas durante os séculos XVII e XVIII no interior de instituições asilares, hospitalares, manicômios, escolas e fábricas a partir de outras formas de governamentalidade das multiplicidades.

As técnicas disciplinares e as formas de governamentalidade biopolítica incidem de modos diferentes no controle das multiplicidades, que continuam a ser o seu objeto em comum. Eis o que torna possível que atuem tanto no plano dos corpos individuais — como uma anátomo-política — quanto em larga escala, como uma biopolítica das populações (Foucault 2009: 151-152; Douzinas 2013: 33). Isso permite que as estratégias de poder que atravessam o horizonte epocal da modernidade sejam duais e, ao mesmo tempo, possam integrar-se no limiar do século XX a fim de assegurar formas mais totalizantes de sujeição; finalmente, quando suas sutis estratégias de controle falham, assistimos retornarem os espetáculos atrozes de violência soberana contra grupos humanos inteiros — algo da ordem do suplício ou do soberano exercício do direito sobre a vida e a morte — ponto de conversão da anátomo-política dos corpos ou da biopolítica das populações em tanatopolítica (Agamben 2007: 129; Negri 2008: 27). No capitalismo biopolítico, a copresença das formas de governamentalidade implica uma dupla produção: a produção da sujeição política e a formação de uma alma cativa, como seu efeito ou dobra subjetiva.

## MINH'ALMA CATIVA

As disciplinas convertem as multidões confusas, inúteis ou perigosas em classes organizadas por meio de uma estratégia de distribuição de corpos em espaços quadriculados, clausura, controle da atividade e dos gestos dos corpos individuais, vigilância virtualmente infinita e sanção normalizadora. Porém, esse poder não é unicamente externo. Ele apresenta, como seu correlato, um efeito de subjetivação e individualização das massas confusas[1].

---

[1]. A individualização tem por efeito diminuir a potência confusa das multidões, fixar identidades e tornar indene sua lógica de contágio recíproco: "A multidão, massa compacta, local de múltiplas trocas, individualidades que se fundem, efeito coletivo, é abolida em proveito de uma coleção de individualidades separadas. Do

Numerosos dispositivos de enclausuramento (prisão, escola, caserna, hospital, fábrica) definem-se como um corpo a corpo entre sujeitos e aparelhos que atuam sobre multiplicidades pouco numerosas, distribuindo-as e seriando-as a fim de recompô-las no espaço, diminuindo em cada um dos corpos a potência de rebelar-se e aumentando sua sujeição, docilidade e utilidade.

As técnicas biopolíticas, que incidem sobre fenômenos heterogêneos de grande escala (mortalidade, natalidade, escassez alimentar, desnutrição etc.), exercem-se de outra maneira, supondo um espaço aberto, ilimitado, que abrange os corpos individuais apenas na medida em que eles pertencem ao corpo biopolítico da espécie e da população. Nesse caso, é preciso definir uma outra forma de divisão que, já não sendo tão individualizante, não deixa de forjar um campo de subjetivação como correlato das relações de poder que atravessam e formam populações inteiras — uma maneira de alienar a irredutível potência das multiplicidades ao Um.[2]

Nesses campos de relações de forças intrincadas e heterogêneas, não há exercício de poder que não tenha como correlato a produção de alguma dimensão de subjetividade (Foucault 2012: 32). Exemplar disso é que, na teoria jurídica moderna, o exercício do poder de soberania não cessa de subjetivar os indivíduos como súditos ou sujeitos de direitos; o exercício do poder disciplinar subjetiva segundo a repartição entre o normal e o desviante; os dispositivos biopolíticos subjetivam elementos de cálculo governamental no corpo de massas humanas inteiras e homogêneas segundo o binômio cidadão/não-cidadão, o que equivale à repartição

---

ponto de vista do guardião, é substituída por uma multiplicidade enumerável e controlável; do ponto de vista dos detentos, uma solidão sequestrada e olhada" (Foucault 2012: 190).

2. Essa forma de subjetivação, no caso da biopolítica das populações, pressupõe que os limites da população sejam definidos pela nação (Lazzarato 2006: 65).

do comum dos seres humanos entre pertencentes e não-pertencentes ao corpo biopolítico da população de um Estado. A mesma operação não cessa de apresentar-se no campo das ciências humanas. Todas as tecnologias da alma, da psicologia à antropologia, oferecem um *anthropos* a ser liberado que é, já, um efeito de poder exercido sobre os corpos. Sob todo exercício de poder e sujeição insistem processos de subjetivação como seu correlato. Em síntese, o poder se exerce sempre sobre multiplicidades, mas atua de tal maneira que cria sempre uma identidade de maior ou menor escala — uma alma ou o corpo biopolítico de populações inteiras — como efeito desse poder.

Encontramos aí, nesses sujeitos ou grupos, o artifício com que os poderes moldam desde massas inteiras de cidadãos anônimos — as massas confusas, inúteis e perigosas, de Foucault — sem deixar de atuar sobre o mais fino grão dos indivíduos, criando uma alma, uma consciência, uma *psique* para cada corpo. Eis o que torna as sociedades de controle eficazmente difusas e modulares. Capazes de exercer controle em praticamente qualquer espaço, seus dispositivos vigiam desde as massas anônimas e anárquicas até as rugas de um rosto na multidão; com a mesma naturalidade de quem dá *zoom* em uma câmera de videovigilância superpotente, as sociedades de controle abrangem virtualmente, e a um só tempo, os conjuntos totais e a menor partícula, domesticam diferenças macro e micropolíticas.

Assim como os sujeitos — suas identidades e almas — não passam de um efeito das relações de poder que atravessam seus corpos, seus rostos — que não se confundem com a sua cabeça ou com seus corpos — são apenas suas máscaras disciplinares ou biopolíticas. Os corpos são sutil, mas indelevelmente, marcados com o selo de uma forma de exercício de poder que funde e difunde sobre toda a extensão do tecido biopolítico esses diferentes modos de exercer o controle sobre as multiplicidades das vidas e dos corpos. Imanente à totalidade do campo social, o exercício de poder nas sociedades de controle deixa de ser unicamente vertical, embora ainda possa encontrar no Estado e nas instituições sociais alguns de seus atores privilegiados — máquinas que terminam por polarizar, em determinados momentos, as gramáticas das relações de poder.

De todo modo, encontramos aquilo que a análise microfísica do poder de Foucault descrevia já em meados dos anos 70:

1. O poder é sempre uma relação de forças — eis o que define sua horizontalidade e imanência, como a possibilidade de contrapoderes e contracondutas (o polo ontologicamente anterior a qualquer formação de poder: a resistência) (Deleuze 2014: 207–208);

2. O poder incide sobre o corpo, e o sujeita ao mesmo tempo em que o subjetiva;

3. A produção de subjetividade advém tanto do exterior quanto do interior — isto é, não apenas a linha dura e segmentar dos poderes que penetram os corpos criam um sujeito para eles, mas, em seu seio, não é possível haver subjetivação sem criar, ao mesmo tempo, resistência à linha dura que vem de fora, que cria um corpo, mas também uma alma e um rosto, no qual se territorializa sempre uma multiplicidade a controlar.

Se observarmos as emergências das manifestações populares — renascidas em junho de 2013, a partir do Movimento Passe Livre (Judensnaider et al. 2013), em seguida arrefecidas e retomadas no início do mês de setembro com uma potência nova, junto à manifestação de professores da cidade do Rio de Janeiro, veremos a operação fluida desse tipo de mecanismo ganhar um aparente corpo institucional. Os aparelhos de Estado impõem progressivamente algumas estratégias para tentar fixar as subjetividades das multidões indecisas em função da produção de identidades e rostos. Não podendo mais ignorar as multidões nas ruas das maiores cidades do Brasil, os oligopólios da mídia produzem velozmente uma estratégia de disciplina simbólica que visa a promover a divisão politicamente útil entre o manifestante pacífico e o manifestante violento. Na medida em que o manifestante violento é paulatinamente identificado com os garotos que se utilizam da tática black bloc, a estratégia passa a ser aprofundar ainda mais a cisão entre o manifestante pacífico e o violento de duas maneiras isométricas: ora identificando o manifestante violento com a figura socialmente naturalizada do criminoso desprovido de direitos, ora identificando o black bloc — que não é um grupo de pessoas, mas verdadeiro agenciamento temporal, kairológico e precário — como coletivo.

Na medida em que se pode identificar um coletivo, a polícia persegue o que supõe serem organizadores ou líderes de um acontecimento político que se define pela horizontalidade, pela dissolução da identidade individual e pela acefalia — isto é, pela potência imanente aos próprios corpos. De outro lado, o Estado, a fim de garantir que a polícia possa responsabilizar os indivíduos que fazem parte das ações black bloc, passa a proibir por lei a dissimulação do rosto em manifestações populares.

Eis o ponto em que encontramos não apenas a articulação entre estratégias de poder e de subjetivação, mas, sobretudo, a clara interpenetração de estratégias de biopoder que compreendem heterogêneos e integrados modos de exercício do poder sobre os corpos: a soberania manifesta-se na lei e na violência; a disciplina, na conversão semiótica do black bloc a criminosos comuns; o biopoder, no bloqueio maciço e simbólico à variação biopolítica das formas de vida que o black bloc reivindica ativamente sob a forma de uma agressiva recusa do capital e do Estado.

Chegamos ao ponto duplamente interessante em que as multidões indóceis — os corpos anarquistas e sem rosto das ruas — coincidem com o objeto de que o poder quer se assenhorear, cuja potência política quer neutralizar, cujo rosto quer inventar (e, em sentido etimológico, invenção é, também, apropriar-se, assenhorear-se), e cujas singularidades precisa organizar sob uma forma jurídica criminalizável. O poder não se exerce senão em correlação com sucessivas formações de subjetividade, atribuições de identidades e feições, semióticas e símbolos sempre dispostos à hipocrisia ou à perversão dos tribunais morais, justamente porque formar uma identidade por meio da qual se torne possível assenhorear-se da potência de um corpo — ou, pelo menos, neutralizá-la temporariamente — consiste em uma espécie de meio caminho para a dominação.

Em 11 de setembro de 2013, o governador do Rio de Janeiro, Sérgio Cabral, sancionou o inconstitucional[3] projeto de Lei Estadual nº 2.405/2013 que pretende proteger "O direito constitucional à

---

3. À luz dos incisos IV e XVI do artigo 5º da Constituição da República, bem como do artigo 23 da Constituição do Estado do Rio de Janeiro, fica bastante claro que os poderes constituintes da República e estaduais não atribuíram qualquer competência aos poderes legislativos federal e estadual para regulamentar restritivamente os direitos fundamentais à livre manifestação de pensamento e à livre reunião. O único condicionamento formal à liberdade de reunião é administrativo, e consiste no "prévio aviso à autoridade competente". A inconstitucionalidade formal da Lei Brazão é, portanto, evidente. Para além disso, se a Constituição da República condicionou o exercício do livre pensamento à vedação do anonimato, foi a fim de impedir a ausência de identificação em documentos e escritos — princípio útil à potencial responsabilização jurídica de seus autores. Porém, um manifestante cessa, por manter seu rosto coberto, de ser identificável? Evidentemente, não, na medida em que nos termos do inciso LVIII do artigo 5º da Constituição da República, ele deve estar civilmente identificado — isto é, deve portar seus documentos de identificação civil —, ou poderá ser conduzido pela polícia para que seja realizada sua identificação criminal. Como se vê, o manifestante de rosto dissimulado e a

reunião pública para manifestação de pensamento [...]". Para tanto, determinou ser "[...] especialmente proibido o uso de máscara ou qualquer outra forma de ocultar o rosto do cidadão com o propósito de impedir-lhe a identificação." Mais adiante, a mesma lei condiciona o exercício do direito à reunião pública e manifestação de pensamento à não-utilização de "máscaras nem de quaisquer peças que cubram o rosto do cidadão ou dificultem sua identificação" — regra excepcionada no caso de "manifestações culturais estabelecidas no calendário oficial do Estado", como o Carnaval do Rio, e. g. Dessa maneira, o Rio entrava para um grupo de cidades ao redor do mundo que — por razões de segurança nacional, prevenção ao terrorismo ou proteção internacional aos Direitos Humanos — possuem legislações que proíbem a dissimulação do "rosto do cidadão" no espaço público.

O primeiro país europeu a editar uma lei que proibia a dissimulação do rosto no espaço público foi a Bélgica, sob o contexto da discussão acerca da proibição do uso da Burca e do Niqab pelas mulheres muçulmanas no espaço público. Se a Lei Brazão importa uma exceção às Constituições da República e do Estado do Rio, a lei belga derivou de uma simples positivação legislativa de regras que já preexistiam como regulamentos de polícia vigentes em praticamente todas as comunas belgas e que vedavam, "por razões de ordem pública", circular em vias comuns com o rosto encoberto. Em julho de 2010, na França, a Assembleia Nacional alterou o Código Penal francês a fim de proibir a ocultação do rosto no espaço

---

condição de anonimato não coincidem absolutamente; ao contrário, indicam dois institutos diferentes. Todavia, o esforço das instituições policiais e da mídia em identificar anonimato e dissimulação do rosto, revela, finalmente, o escopo criminalizante que insiste isomorficamente sob a identidade que funda o que Foucault chamou de "função-autor" em nossa cultura: a possibilidade de apropriação penal de textos e escritos, no caso da autoria (Foucault 2001: 827), que, entre nós, revela-se na possibilidade de apropriação prisional dos corpos, no caso da ação política.

público. O argumento dos defensores da medida procurava seu fundamento no direito das mulheres muçulmanas radicadas na França de coabitarem no espaço público com seus rostos livres das constrições da tradição muçulmana, que lhes impunha o véu e a dissimulação do rosto. Eis porque a lei ficou conhecida como "lei do véu" ou "lei da burca". Porém, a despeito de todo o contexto de produção dessas medidas legislativas, tanto a lei belga como o projeto francês interditam simplesmente a ocultação do rosto com o uso de vestimentas no espaço público; nada mais.

Em todos os casos, a proibição da dissimulação do rosto no espaço público vincula-se sempre, de algum modo, a conteúdos identitários — seja a conteúdos culturais formadores de identidade de grupo (direitos humanos, papel social da mulher, direito à igual dignidade), seja a conceitos jurídico-políticos fundantes da subjetividade biopolítica — como a noção de cidadania — mais diretamente relacionados com a política de assimilação de estrangeiros e a persistente sombra do terror. Portanto, quando a Lei Brazão condiciona o exercício do direito constitucional à reunião pública e livre manifestação de pensamento à não-dissimulação "do rosto *do cidadão*", será preciso considerar essa expressão *à la lettre*.

Eis o ponto que revela o significado profundamente político da Lei Brazão; ela engendra um dispositivo de poder comum a todas as leis que proíbem a dissimulação do rosto no espaço público e mantém sua relação com a anulação dos perigos que os corpos sem rosto comportam ou traduzem.

A lei que interdita o direito de dissimular o rosto no espaço público coloca em xeque o significado profundamente biopolítico do rosto e de sua relação com os corpos e sua potência. Como o Estado faz do rosto uma política de subjetivação e, ao mesmo tempo, de controle dos corpos? Se quisermos responder a essa questão, é preciso compreender o que é um corpo, o que é um rosto e como o rosto pode se tornar um elemento-chave na dominação dos corpos.

## QUEBREI A LANÇA, LANCEI NO ESPAÇO: UM GRITO

Embora não se confunda com ele, o corpo pode passar integralmente pelo rosto. Na medida em que o rosto é produzido a partir de elementos de subjetividade, mas também de paisagem, um corpo pode ser inteiramente rostificado (Deleuze e Guattari 2008: 35). O corpo remete ao um código polívoco multidimensional; ou melhor, ele remete à descodificação, na medida em que jamais se pode saber *a priori* "o que pode um corpo". A determinação de sua potência é da ordem contingente dos encontros, da formação de afetos, da variação de sua potência de agir. O rosto, porém, na medida em que recobre a cabeça, em que separa a cabeça do corpo, os sobrecodifica. Na operação de rostificação, toda a potência de um corpo é alienada ao vazio e ao tédio unidimensionais do rosto, enquanto o semblante corporifica uma formação codificada. Fazer o corpo passar pelo rosto é uma forma de apagá-lo enquanto tal, de remetê-lo ao despotismo de um significante: dois olhos, um nariz, uma boca, orelhas — jogo de superfícies e buracos, *close* e sombras organizadas para significar.

Procuremos compreender o que Deleuze e Guattari querem dizer quando afirmam que "O rosto é uma política". Nas formações sociais ocidentais modernas e contemporâneas, o Estado implanta uma máquina de rostificar ao lado do corpo social; máquina que se apodera dele, que o rostifica inteiramente, reduz corpos a rostos, fixa singularidades metaestáveis a identidades fixas. O rosto é, sobretudo, o análogo, no corpo, da divisão mais profunda entre sociedade e Estado. O rosto aliena a potência dos corpos da mesma forma como o Estado aliena o poder do corpo social — poder no qual as multidões das ruas nos fizeram submergir como no mais profundo de nós mesmos. Segundo essa divisão, o corpo deve confinar-se ao privado — espaço em que também os prazeres do sexo, ou os desvarios do desejo, devem permanecer confinados; o rosto, porém, pertence ao público, como signos da sexualidade ou do desejo que podem aparecer em um semblante, portador de índices significantes. A divisão corresponde, sempre, à sobrecodificação dos corpos em uma ordem espacializante. Os corpos impotentes, inermes e rostificados são confinados ao espaço privado; enquanto isso, o Leviatã — que deseja eclipsar nas suas instituições a totalidade do espaço público — torna-se "o corpo de corpos" que define a unidade identitária à qual se subsumiria o espaço público, na modernidade.

Os aparelhos de Estado funcionam como uma horrível cabine de *instant photos*: assinalam e atribuem a identidade unívoca de cada corpo e, reduzindo o corpo ao rosto, conjuram a multiplicidade confusa das multidões indóceis, anulam o elemento ontológico e político irredutível que constitui sua potência específica: ser um corpo no qual nada se assemelha a um rosto, uma diferença livre na qual nada se concilia com tecnologias identitárias. Os primitivos cobriam-se de máscaras para atestar a pertença da cabeça ao corpo; os contemporâneos o fazem sempre em fuga, para converter os rostos em cabeças-pesquisadoras (Deleuze e Guattari 2008: 61).

O Estado identifica mascarado e criminoso sob o signo da culpa *a priori* (segundo o léxico do poder, "se esconde a identidade, é porque está devendo — e covardemente..."). Serve-se da perversa naturalização da categoria do criminoso, pois, assim, pode-se negar-lhe direitos, capturando-o em um espaço exterior ao direito. Justamente por isso, Amarildo — o pedreiro torturado, morto e cujo cadáver foi ocultado pela Polícia Militar do Estado do Rio de Janeiro — não foi logo acusado de colaboração com o tráfico?

O crime — exceção prevista na ordem jurídica — cria o universo simbólico bastante para justificar perante a opinião pública toda a violência policial estrutural — a exceção não-prevista como estratégia de controle dos corpos.

Capturado fora das leis que assinalam o hipnótico pacto social, a coincidência entre o mascarado e o criminoso é o sintoma mais superficial da profunda crise desse "contrato". O efeito simbólico e político do retórico "recurso ao pacto" é alienar toda possibilidade de pensamento ao código de suas razões, fazer-nos abdicar da crítica, que Foucault (1990) definiu como "a arte de não ser governado assim e a tal preço". Desfazer o seu próprio rosto, no Brasil atual, é resistir a abdicar da faculdade de pensar — não é nada fácil e implica o risco de ter, de novo, um corpo implicado na política ou na prisão.

No campo instável e aberto da "baderna" e da "subversão", a polícia — e seus antigos aparelhos jurídicos de Segurança Nacional, jamais formalmente revogados — tornam-se o instrumento por excelência de governamentalidade para controlar situações fluidas, metaestáveis e de emergência. Isso porque a polícia e seus aparatos técnico-sociais, como as mídias e a videovigilância, são capazes de restabelecer as identidades, de reatribuir o rosto a quem ousou desfazer-se dele. Ao mesmo tempo, a micro-mídia, como a Mídia Ninja e. g., ensaiou, nos primeiros dias, uma dinâmica contra-hegemônica: transmitindo a insurgência das multidões via *live stream*, acompanhando e denunciando ao vivo situações de abuso policial, com apoio das redes sociais, mas sob a constante ameaça de violência e encarceramento.

"A cada corpo, seu próprio rosto" é a injunção do Estado, e tudo o que coloca em xeque a ordem das coisas é violentamente conjurado. Nada de massas confusas, nada de corpos anarquistas e indisciplinados, nada de multidões sem rosto: mesmo fora de qualquer conceito de organização, o Estado continua a afirmar e enquadrar tudo o que ensaia sua fuga como organização "informal", "disforme", mas inequivocamente "criminosa"[4]. Nesse caso, "Manifestação pacífica" coincide, ponto por ponto, com a abolição da política; coincide com a aderência ao rosto e aos afetos da ordem, quando toda política é, no fim das contas, a possibilidade de criar uma outra ordem dos afetos. Toda ação política que combata a ideologia que aliena e sacraliza a violência como prerrogativa exclusiva de um Estado violento e de uma polícia assassina deve ser violentamente conjurada, pois desafia o Um, a sociedade dividida entre dominadores e dominados, ricos e pobres, exploradores e explorados, alienação do poder do corpo social ao Um transcendente do Estado.

O que define a verdade profunda das multidões — o que as subjetiva como tal — é a recusa ativa do rosto em proveito das singularidades irredutíveis de um corpo social criativo, múltiplo, nômade, anônimo, potente, inclassificável e incoercível. O rosto é uma política — e desfazê-lo é nosso destino — porque no seio de uma cultura metafísica e política identitária, a política é, antes de tudo, uma guerra de guerrilhas entre corpos indisciplinados e rostos despóticos.

Por essa razão, as máscaras podem desempenhar, ainda hoje, a função que tinham para os primitivos que, muito antes de Nietzsche ou de Foucault, conheciam a guerra como relação social fundamental. Como atesta Pierre Clastres (2011: 236), a função da guerra nas sociedades primitivas era a de conjurar o aparecimento da forma-Estado na chefia, da sociedade dividida, da conversão irracional de suas sociedades de abundância e de lazer em socie-

---

[4]. "Polícia vai enquadrar vândalos em nova lei de organização criminosa." *O Globo*, 08/10/2013.

dades-para-a-acumulação. As sociedades primitivas são sociedades contra-o-Um: sociedades centrífugas, que perseveram no seu ser-para-o-múltiplo.

Instaurada uma máquina de rostificação, uma correlação de forças se estabelece entre dispositivos que querem atribuir a cada corpo um Rosto e entre singularidades que resistem à identificação e instauram uma micropolítica da invisibilidade: cobrem o rosto para se verem livres, pelo menos temporariamente, do controle virtualmente infinito, contínuo e insidioso dos aparelhos de Estado e das tecnologias que lhe são correlatas.

O Estado e o rosto são os antípodas da política — antes uma máscara diabólica para assegurar uma cabeça bem atarraxada ao corpo que o rosto: máscara biopolítica. No Brasil, as ruas assinalam muito mais que uma acumulação primitiva de democracia; marcam, em coextensão com ela, a emergência de uma nova noção de espaço público, completamente emancipada do Estado e para além de sua métrica: desejo de desfazer o rosto, de multiplicar o múltiplo, de ser contra-o-Um.

«NÃO TINHA ROSTO. EU OFERECIA MEU CORPO»

Estamos em 1973. Um corpo esguio, seminu e frenético dança na televisão. Ao ritmo quatro por quatro do *rock* "Sangue Latino", os quadris e o abdômen se movem como moinhos — mas não graças aos ventos do norte, ou à sua transcendência. O corpo é mais que uma presença: é uma performance. O rosto está inteiramente despedaçado sob uma pesada máscara *kabuki* de tinta e pó. A lógica da rostidade, buraco-negro/parede-branca, é conduzida ao limite imanente do corpo. Nariz, olhos e boca são, agora, apenas linhas de força contra o muro. Os buracos-negros são ainda mais negros e parecem se chocar, ou dançar, como um grafite sobre uma enorme parede branca. A boca é um buraco-negro que se fecha e abre. Em perfil, os ombros se curvam e encolhem na direção da cabeça tornando-a indiscernível do corpo. Indefinidamente sem rosto, a cabeça se continua na intimidade exposta de um corpo seminu. As longas penas sobre a cabeça que percorrem a extensão do corpo, ao mesmo tempo em que o delimitam, não cessam de remeter a um devir-índio, lobisomem ou pirilampo.

Ontologia política dos Secos & Molhados: se o rosto é uma política, e se as máscaras dissolvem as identidades, tudo o que resta sob elas é uma multiplicidades de corpos anárquicos, frenéticos e indomáveis. Secos & Molhados compreenderam com precedência a natureza biopolítica do rosto, as estratégias disciplinares que envolviam o processo de rostificação e, nesse sentido, apareciam no kairológico ano de 1973 como o primeiro grupelho disposto a depor o despotismo do rosto que a ditadura brasileira — e sua polícia política — queriam inventar.

Os corpos e as máscaras contra o rosto. Nem as máscaras indicavam o rosto, mas a insistência da cabeça, nem o corpo denunciava o indivíduo, mas o dissolvia e convertia em um ponto de passagem violenta de uma força da natureza: o devir contra o tempo cronológico e os espaços quadriculados da disciplina e do biopoder. Ainda que seus eus o ignorassem, os Secos & Molhados formaram o primeiro black bloc — vandalismo significante, ação direta contra o rosto (a propriedade primeira, já que, antes do nome, temos um rosto), confusão das identidades, multiplicação dos gêneros e explosão infinitesimal dos mil sexos.

Quase quarenta anos mais tarde, Ney Matogrosso — o nome próprio e o rosto familiar — explicaria que foi a Liberdade, bairro paulistano povoado pelos imigrantes e pela cultura japonesa, que inspirou a criação de suas máscaras.[5] Ao mesmo tempo em que

---

5. "[...] eu já pensava em desenhar no meu rosto uma máscara. Fui numa casa de maquiagem para teatro e comprei potes de tinta branca e preta. Me inspirei

o tímido e esguio rapaz desejava preservar sua identidade — pois não queria perder a liberdade de andar na rua — a máscara era, também, a única maneira para ter coragem[6] e sustentar a atitude *rock* das baladas *pop* que embalavam os textos poéticos de João Ricardo, o principal compositor de Secos & Molhados. Mascarado, Ney Matogrosso afirmava que "Não tinha rosto. Eu oferecia meu corpo". O real do corpo contra o significante do rosto; o devir e o *kairós* do encontro contra o espaço quadriculado das disciplinas, ou o tempo mensurável do biopoder dos militares e suas fábricas de desaparecer com corpos — que se tornam atualmente visíveis no desaparecimento de Amarildo e no encarceramento de Rafael Braga Vieira, morador de rua da cidade do Rio, detido no protesto de 20 de junho de 2013 e condenado à prisão por "porte de artefato explosivo" — duas garrafas plásticas com álcool etílico e água sanitária.[7] Rafael é o primeiro condenado pelos protestos de junho — signo de que não apenas jamais abandonamos as prisões políticas, como de que toda prisão é radicalmente política.

~

---

nas imagens no teatro "kabuki", que para mim eram muito fortes, e com as quais tive contato no bairro da Liberdade, quando morava em São Paulo. Passei a me apresentar mascarado, porque tinha muito medo da exposição. Ouvia dizer que artista não podia andar na rua. Eu tinha pavor de perder esse direito. Na medida em que fui observando o aumento da receptividade ao Secos & Molhados, fui fechando a máscara no meu rosto. Eu não permitia que publicassem fotos minhas sem a pintura. Foi uma atitude." Revista *Brasileiros*, 01/08/2013.

6. "No momento que fiz aquela máscara no rosto, adquiri superpoderes... Eu, que sempre fui uma pessoa tímida, inibida, regatada, não sei mais o quê, deixei de ser tudo isso. [...]. Era incapaz de trocar de camisa na frente de alguém. Vivia com as mãos no bolso, porque tinha vergonha delas." Ibidem.

7. "Catador é o primeiro condenado após protestos." *Folha de S. Paulo*, 04/12/2013. Ainda, sobre o caso Rafael Braga Vieira, cf. CORRÊA, 2018.

Em um de seus últimos textos, Foucault (2001: 1527) dizia que a infelicidade dos homens jamais pode ser um resto mudo da política; a infelicidade dos homens funda um direito absoluto de se insurgir e de interpelar aqueles que detêm o poder. Surdamente, o direito absoluto de se insurgir torna mais uma vez visível, sob as formas jurídicas, uma ontologia jurídica espinosana, segundo a qual o direito não pode definir-se senão por aquilo que os corpos podem: sua potência de agir e de compreender, de agenciar-se, afetarem-se e criar novas formas de liberdade e de resistência.

Uma tal ontologia jurídica define-se pelo amor de que os corpos são capazes, do qual as máscaras biopolíticas são apenas testemunhas frias. O direitos humanos não são mais do que a faceta instituída desse amor — frutos da revolta, memória para o porvir (Lapoujade 2010: 93) que lembra os corpos daquilo que eles podem. Os direitos humanos só podem deixar ser o que foram para a tradição e o cânone, universais abstratos, se forem religados à memória do intolerável, da insurgência e da revolta.

A potência específica do black bloc está em reatualizar a ontologia política dos Secos & Molhados: "Não tinha rosto. Oferecia meu corpo". Contra o rosto — a propriedade primeira —, suas ações diretas são verdadeiros *happenings* inorganizados, a não ser, talvez, pela mediação de simulacros que jamais prefiguram uma identidade de grupo, pois são todos atos absolutamente *comuns*, dividuais, difusos no espaço, mas atualizados no tempo simultâneo da ação direta (comunhão ideológica, gestão de perfis e compartilhamento de informações em redes sociais, formas de ação, indumentária preta e dissimulação do rosto).

A tática black bloc comporta uma etologia pós-humana da ordem das contracondutas ou da indisciplina; sua ética recusa, contesta e destrói a cronologia das relações de poder constituídas — os espaços individuais bem determinados da era disciplinar —

com uma potência kairológica de um tempo de compenetração. Contra sua captura imóvel em uma atualidade absoluta, os corpos supranumerários dissolvem seus rostos e identidades; abandonam os espaços quadriculados aos quais os poderes gostariam de conformá-los e escapam, ainda que por um entretempo, à pertença ao corpo biopolítico das populações que lhes fora destinada. O rosto dissimulado é sempre o do cidadão, repete a Lei Brazão. Não sendo mais cidadãos, não são mais homens — e sabemos, como Arendt (2009: 333) e Agamben (1996: 25), que nos esquemas do Estado-Nação o homem jamais deixou de ser o pressuposto mais ou menos evanescente do cidadão. Ocultado ou dissolvido o vínculo jurídico-político de cidadania, resta a inumanidade e o abandono à morte violenta, mas, ao mesmo tempo, a potência de inventar novos modos de existência para corpos inconformados e informes. A recusa da máscara biopolítica, que por tanto tempo se confundiu com seus rostos é, também, a primeira afirmação de uma multiplicidade qualquer — modo de subjetivação singular e *contra-o-Um* que define o sentido genealógico da política na democracia.

# Filosofia dos corpos misturados

*Origem*, 1973

## VAMOS PÔR UM CU NA VITRINE[*]

### A HISTÓRIA DO OLHO

Era 1972 e Tom Zé estava prestes a lançar o LP "Todos os olhos" pela Continental. Tom Zé encontra-se com Décio Pignatari, poeta à frente da agência $E=mc^2$, e pede-lhe uma capa provocativa, mas capaz de driblar a censura da ditadura militar brasileira. Décio aceita o desafio e assim vem ao mundo a capa internacionalmente conhecida em que um olho enorme parece imitado por uma boca semicerrada no interior da qual era possível discernir algo como uma gema de vidro. Mais de quarenta anos mais tarde, a genealogia da capa permanece controversa e obscura, ainda que Tom Zé e, depois, Chico Andrade tenham confirmado publicamente a suspeita de certos olhares sobre a misteriosa capa do LP.

Na ocasião do convite de Tom Zé, Décio sugere enfiar na capa um olho de cu, mas que permanecesse irreconhecível como tal.[1] No projeto[2], o cu seria mais um olho entre todos — mas um olho

---

[*]. Frase atribuída a Décio Pignatari por Tom Zé, em entrevista à Folha de São Paulo, sobre o projeto da capa de "Todos os olhos", de 1973. (Folha 2001)

[1]. "Colocaríamos uma bolinha de gude no cu e ampliaríamos esse cromo até começar a estourar os grãos da foto... tornando a mesma irreconhecível a olho nu...". Em: "A verdadeira (e única) história do disco do Tom Zé...". *Blog do Chico Andrade*, 01/09/2012.

[2]. Tom Zé, em entrevista a Luiz Tatit e Arthur Nestrovski, narrou a origem da capa de "Todos os olhos":

AN - Podemos voltar ao Décio? Você não quer contar como foi a história da famosa capa [de Todos os olhos]?

TZ - Foi ele quem deu a idéia. Pensei que fosse desistir daquilo [a foto que aparece um olho, mas na verdade é uma bola de gude num ânus], porque no princípio achei muito perigoso. Claro que a gravadora nunca poderia saber nada; a história só foi publicada por David Byrne na contracapa do disco The Best of Tom Zé.

AN - E de quem é o famoso ânus?

TZ - Ah, era uma modelo. Antes da bola de gude, que foi uma solução final. O Décio um dia me ligou, depois que eu já estava até esperançoso de ele ter se esquecido, ligou e disse assim: "Tom Zé, já tenho algum material, o pessoal lá

tão corporal, tão desconcertante e confuso, que muitos dos fãs de Tom Zé acreditaram por longo tempo tratar-se dos lábios de uma ex-namorada de alguém que sensualmente envolvia uma bola de gude.³ A versão mais conhecida é a de que uma modelo — talvez uma ex-namorada, talvez uma prostituta, isso também é incerto —, teria sido convidada para posar para a capa. Segundo essa versão, nem o olho da capa era uma boca, nem a boca imitava o olho vidrado da capa: o olho era, na verdade, um cu abocanhando uma bola de gude. Importa muito pouco saber se se tratava realmente de um olho, uma boca ou um cu, de uma ex-namorada ou de uma puta: a confusão imensa dos elementos, agora livres, do corpo se oferecia como tal e sem qualquer predicado. Imagem pura que o olhar captura, em 1973 o cu havia sido exposto na vitrine. Não se trata de fazer jus a versão alguma, mas de dar o devido crédito à operação impessoal e ontologicamente subversiva por detrás dessa confusão infinita em que os objetos parciais paranoicos, obsessivos,

---

na agência fez algumas fotos." Eram closes ainda não radicais, via-se parte do bumbum da moça, parte das pernas, parte dos próprios órgãos genitais — tudo muito acanhador para mim. Eu tinha que fazer o papel de civilizado, "Muito bem... Este ângulo aqui... o enquadramento... a luz..." Tudo mentira. Eu estava era com vergonha. Por fim, ele propôs a idéia de um close máximo. No fundo, acho que Décio tinha esse dilema: como botar isso na rua? Uma banda, naquele ano, tinha cantado num show a palavra "seio", e foi presa na descida do palco. Só pela palavra "seio"...
LT - Era outra época mesmo.
TZ - E esse cu ficou na praça da República! A gente ia lá visitar. Naquele tempo, realmente havia esse sentido de rebeldia, de dar um cascudo na visão militar do mundo e do Brasil, não é? A gente tinha um prazer imenso de ir lá e ver aquele cu na praça da República — mas isso entre nós, aqui, muito família. (ZÉ 2003: 229-230).

3. Essa é a versão do fotógrafo Reinaldo de Moraes, a quem os créditos do miolo de "Todos os olhos" atribui a realização da fotografia de capa. Moraes contesta a versão mais conhecida, de Tom Zé e Chico Andrade. Segundo ele, nem a modelo era uma prostituta — mas uma ex-namorada sua, fã de Tom Zé e dos artistas da Tropicália —, nem a foto que efetivamente se tornou a conhecida capa de "Todos os olhos" estampa um ânus, mas uma bola de gude envolvida pelos lábios de Vera. Empecilhos técnicos e o resultado final teriam impedido, segundo Reinaldo, que a fotografia da capa fosse a de um ânus (Cf. Athayde e Moares 2010).

histéricos e perversos se permutam livremente. O que finalmente importa é compreender como o agenciamento olho-boca-cu-bola de gude da capa de "Todos os olhos" funda uma filosofia dos corpos misturados e confronta o controle repressor; como a metafísica pressuposta pelo sensível dessas imagens reemerge, em sua diferença irredutível, na resistência black bloc.

## TODOS OS OLHOS SE VOLTAM PARA MIM

1973. O ano é o mesmo do lançamento do álbum mascarado dos *Secos & Molhados*. Enquanto o incógnito Ney Matogrosso desfazia seu rosto e oferecia seu corpo frenético, um agenciamento entre o tropicalismo indomável de Tom Zé e o concretismo obsceno de Décio e seus convivas usava um corpo que se oferecia sem qualquer reserva — com a generosidade dos namorados apaixonados, mas também das putas — para desterritorializar o olho (um elemento de rostidade e captura) em proveito do corpo. Para saltar do olho ao corpo, não bastaria o olho em máximo foco, ou os lábios contraídos, envolvendo uma bolinha como um cu faria; só mesmo a total indiferença entre uma boca e um cu abocanhando uma bola de gude para contrafazer o rosto, do qual o olho pode ser metonímia, no corpo.

A provocação e o drible talvez quisessem expor a obscenidade da censura e da ditadura no Brasil. Tom Zé e Décio queriam dizer, talvez literalmente, "o Brasil está um cu" (Rodrigues 2007: 134). Porém, com "Todos os olhos", Tom Zé conseguira mais do que um jogo de corpo; conseguira desterritorializar o olho para atestar sua pertença última ao corpo. Já não bastavam os rostos mascarados e as cabeças-pesquisadoras — oferecidas em uma bandeja, como na capa do primeiro álbum dos *Secos & Molhados*. Era preciso curtocircuitar dentro e fora, cabo e rabo, olho e boca, cu e gema. Na capa de "Todos os olhos", Tom Zé e Décio convertiam o olho, protótipo biopolítico dos insidiosos e universais aparelhos de controle e videovigilância, princípio de aprisionamento do sensível, em mônada anal: em potência, cada corpo envolve um mundo que é a um só tempo imagem sensível, obscenidade e desejo. Primeira tese de uma filosofia dos corpos misturados que "Todos os olhos" inventa: se é possível fazer buraco-negro com o corpo (olhos, boca, nariz, orelhas), só é possível desfazer um buraco-negro ao desterritorializar a rostidade na integral do corpo. E isso se faz na superfície dos signos — um olho que é uma boca que é um cu — que assinalam uma posição de desejo e um afeto que percorre o corpo. O rubor ou o tesão que a obscenidade provoca são afecções políticas porque atravessaram por um corpo, como matilhas sobre um deserto.

A gema, superfície do olhar, encerra o protótipo de uma máquina identitária que será pouco a pouco generalizada. A filosofia platônica sempre sonhou o "olho que se olha por dentro" (Foucault 2006: 88–89), como a alma que reconhece sua essência no *Eidos* e desterra a sensualidade, fonte do erro e do negativo. O "conhece-te a ti mesmo" platônico é obra de um olhar interior, máquina identitária que atravessará a história da filosofia até os cristãos assombrados em sonhos pelo fantasma do próprio desejo. Janela da alma, o olhar atesta a pertença do corpo a uma identidade prévia que circunscreve o corpo em uma forma e aliena a ela suas potências. O olhar identitário, dobrado sobre si, ou o olhar censor do estrangeiro que há em mim, prenuncia a alienação da potência na forma em proveito de uma máquina identitária.

Se o olhar é o princípio do panoptismo que reduz a multidão confusa às individualidades dóceis (Foucault 2012: 87–89; Platão 2011: 38–39), nas sociedades de controle tudo se passa como se todos os olhos se voltassem para mim. Qualquer possibilidade de ação livre no Brasil atual encontra-se sujeita ao controle dos aparelhos de captura de Estado e da mídia que se sustentam indistintamente sobre uma dupla operação: captura e registro; todos os olhos, mas também memória de inscrição infinita. As sociedades de controle funcionam a partir de um princípio de inscrição e registro disciplinar dos gestos. Esse princípio de inscrição e registro disciplinar dos gestos assume a forma de uma memória dos menores eventos, mas de uma memória tornada consciente, manipulável e informacional. Mesmo as polícias têm se utilizado da vídeovigilância pública e privada para reconstituir narrativas de crimes obscuros. Tudo se passa como em um *thriller* policial, em que as investigações cravam as garras sobre o dorso quente de uma imensa memória que coincide com a integral da realidade urbana. Como em um campo transcendental de imagens — como encontramos em Bergson (2001: 167–172) — a imagem e os acontecimentos que a envolvem dispensam toda forma de consciência. As câmeras dos prédios de apartamentos, condomínios fechados, estabelecimentos comerciais, controle de tráfego, coletivos e táxis, viaturas policiais e ambulâncias, metrôs e estações de trem, *shopping centers*, estacionamentos e vias públicas são colocadas lado a lado. As extremidades de seus cortes perceptivos formam um gigantesco contínuo de captura e registro de imagens a que, por princípio, nenhuma ação poderia escapar. Será, para sempre, possível identificar sujeitos e atribuir autorias.

Do panoptismo de Jeremy Bentham à difusão dos aparatos técnicos de controle social, a diferença é que o olhar virtual e sem registro das disciplinas, senão pela consciência dos vigias, torna-se agora o controle atual insidioso que recobre todo o campo transcendental como superfície de captação e como memória de inscrição e registro. Se o cinema é a arte da recomposição do movimento através dos recortes e dos quadros, o controle é o pesadelo de um cinema-total: ele é a arte governamental de tornar virtualmente contínuos os recortes e quadros perceptivos a fim de capturar a totalidade dos movimentos. Sem produzir nenhum percepto, nenhum afeto, ele repete nuamente toda a porção do visível.

Tudo se passa como se a difusão imanente dos dispositivos de controle e videovigilância imitasse o gesto bergsoniano que tentava provar a existência de uma duração e de uma memória universais que penetravam o real a partir da simultaneidade (Bergson 2006: 52–53). Trata-se de recobrir o mundo com consciências cujos recortes perceptivos toquem os extremos uns dos outros e, por isso mesmo, tornem-se capazes de registrar simultaneamente os menores movimentos e as mínimas durações. Trata-se de capturar o fora (Lazzarato 2006: 69–73), mas também de afirmar operativamente que não existe fora, de transformar o real em uma platitude, de expropriar tecnicamente uma memória-mundo que daria acesso ao lado de fora.

Edward Snowden, talvez o preso político mais célebre do mundo hoje, percebeu com predência a latitude dos procedimentos de controle contemporâneos postos a serviço do combate ao terrorismo.[4] Os bancos de dados da *National Security Agency*, nos Estados Unidos, formam uma espécie de memória virtualmente integral dos menores acontecimentos: pequenos débitos, recargas de celulares, telefonemas interceptáveis, acessos a sites[5].

---

4. Em uma carta aberta aos brasileiros, em que pede asilo político ao Estado brasileiro, o ex-cidadão estadunidense e agora apátrida Edward Snowden afirma ter exibido provas de que "Alguns governos estão montando um sistema de vigilância mundial para rastrear secretamente como vivemos, com quem conversamos e o que dizemos. [...] essa vigilância ameaça tornar-se o maior desafio aos direitos humanos de nossos tempos". Em: "Leia íntegra da carta de Snowden ao Brasil". *Folha de S. Paulo*, 17/12/2013.

5. Na mesma carta, Snowden afirma: "Hoje, se você carrega um celular em São Paulo, a NSA pode rastrear onde você se encontra, e o faz: ela faz isso 5 bilhões de vezes por dia com pessoas no mundo inteiro. Quando uma pessoa em Florianópolis

Por trás desse aparato mnemônico virtualmente total, produz-se uma operação tão disciplinar quanto antropológica. A inscrição e o registro das menores durações e dos eventos infinitesimais subordinam-se a uma lógica informacional que é, também, antropogênica. As menores memórias de eventos cotidianos — para as quais Snowden não cessou de chamar nossa atenção — constituem uma espécie de polícia da ação e do sentido em escala planetária. As memórias-informação não são senão seus efeitos visíveis, palpáveis e manipuláveis que, atualmente, podem substituir boa parte das investigações policiais. A vontade de saber, que a tortura da polícia política no Brasil dos anos 60 e 70 praticava sem escrúpulos tem, hoje, nesse imenso *corpus* inscritor, sua fonte privilegiada. As perguntas ainda são as mesmas, e vagam ao redor das identificações espaço-temporais e subjetivas: "Quem?", "Com quem?", "Como?", "Quando?", "Onde?".

Se uma memória-informação manipulável é o produto extraído pelo aparato técnico da máquina identitária, é na medida em que sua operação específica supõe não apenas uma subjetivação do corpo a ser controlado, mas, antes, a produção da própria memória que deve ser tornada manipulável. A produção da memória-informação, manejável pelas polícias e mídias, sustenta-se sobre uma memória-arquivo, que se define pelas operações de captura, inscrição e registro. Nem "Todos os olhos" bastariam sem a memória

---

visita um site na internet, a NSA mantém um registro de quando isso aconteceu e do que você fez naquele site. Se uma mãe em Porto Alegre telefona a seu filho para lhe desejar sorte no vestibular, a NSA pode guardar o registro da ligação por cinco anos ou mais tempo. A agência chega a guardar registros de quem tem um caso extraconjugal ou visita sites de pornografia, para o caso de precisarem sujar a reputação de seus alvos."

insidiosa de que o poder os dotou. Sob as operações superficiais de uma memória-arquivo, a polissemia de *archê* atesta a copertença entre memória arquivística, poder nomológico e escritura da lei.[6] Toda memória-arquivo supõe uma antropologização da memória, que se torna manipulável como uma lembrança consciente. Os aparatos de controle realizam quatro operações ontológicas fundamentais:

1. Operação metafísica: reduzir a memória-mundo, e as potências de uma memória para o porvir que os corpos podem atualizar, a uma memória antropológica; dali para diante, toda memória será apreendida como reminiscência, memória-lembrança útil para uma consciência atenta aos perigos que o instante presente encerra;

2. Operação nomológica: selecionar as lembranças úteis aos poderes constituídos, eliminar as inúteis e docilizar as perigosas;

3. Operação topológica: conservar arquivos que encerram as inscrições e os registros da máquina identitária;

4. Operação arcôntica: monopolizar a produção e a interpretação dos registros mnemônicos.

---

6. *Archê* é a raiz grega que designa, ao mesmo tempo, "o originário", "o primeiro" ou "o primitivo", mas também "o comando" em sentido nomológico; sentido presente na palavra "arconte", que designava os magistrados encarregados de fazer as leis, ou de as fazer representar, mas também de interpretá-las com exclusividade na antiguidade grega. No cruzamento entre o topológico (o lugar do depósito dos arquivos) e o nomológico (o comando que emergia da inscrição da lei no corpo no *nómos*), encontraríamos o fundamento da autoridade (Derrida 2001: 12–13).

Nada parece ser mais exemplar dessas quatro operações técnico-políticas dos aparelhos de controle do que as imagens espetacularizadas dos confrontos entre black bloc e policiais, ou as imagens de suas ações diretas contra símbolos do capital. Em um caso como em outro, os registros dos eventos estão sempre subordinados à monotonia da narração dos telejornais do horário nobre, codificados às margens de crítica social que as mídias contrafazem e reproduzem no *socius*. Se o vandalismo black bloc primeiro assume uma forma de ascese *contra o rosto* liberadora do corpo em determinado horizonte político epocal, o segundo vandalismo black bloc, que também decorre da destruição dos rostos, é o vandalismo contra as operações ontológicas de controle.

Por definição, o black bloc é um anarquivismo. As mídias independentes e as redes sociais visam a perverter as operações ontológicas dos aparelhos estatais de captura, restabelecendo os direitos das memórias-mundo contra as memórias antropogênicas. As memórias-mundo equivalem a regiões inconscientes, ou não-percebidas, do real (Bergson 2001: 284/158), mas também são indiciárias da persistência de uma memória para o porvir que corpos podem estar em vias de atualizar em sua ação. Se o corpo constitui o epicentro político por excelência, é porque ele é um corte instantâneo nos devires das forças (Bergson 2001: 223/81). Se os poderes constituídos podem representar as forças unificadas em um estado determinado, os corpos nos lembram a todo tempo de que as forças só podem encontrar-se em estado metaestável, em vias de conjurar o estado em que são continuamente representadas. As ações diretas black bloc contra os signos do "capitalismo universal" do *télos* histórico furam a seleção nomológica das lembranças úteis e reinseminam o imaginário simbólico coletivo com os índices dos potenciais da revolta que constitui a verdade mais superficial e, ao mesmo tempo, profunda de qualquer revolução.

As operações topológica e arcôntica são desterritorializadas no *corpus* da *web* — e é impossível responsabilizar fenômenos fluidos e difusos quando o poder se exerce mediante identificação de sujeitos ou grupos.

Ao reintroduzir a impureza política no seio do imaginário social — ainda que aparentemente sob a forma do negativo em que as mídias significantes a convertem — é toda uma memória para o porvir que pode novamente infiltrar-se por essa fissura imperceptível. A captura, a inscrição e os blocos de significação que as mídias constroem no nível da consciência coletiva não podem tratar a ação black bloc como um mero indiferente político; a captura mesma já implica uma radical produção de diferença política, ainda que apanhada pelo olho, quando deveria, como o *desejo*, ser apanhada pelo rabo.

O controle se caracteriza pelo entrelaçamento de múltiplas estratégias de governamentalidade. A soberania, com o poder de vida e morte sob os arcanos da segurança nacional, do combate ao terrorismo e da produção de sujeições pelo terror do Leviatã; a disciplina, com a infinita topologia dos corpos identificáveis, sua regulação moral operada no nível do gesto e da virtualidade do gesto; a segurança, como o controle de todos os olhos, de repente voltados para mim, mas que se espraiam em um campo espaço-temporal infinitamente aberto, constantemente indefinido e insidioso. Se se pode afirmar, com Agamben ou Negri, que a exceção se torna o paradigma de governo destinado a regular situações fluídas e metaestáveis, é porque sua forma governamental permite articular estrategicamente no controle as três dimensões fundamentais do poder e, ainda, permite violar direitos humanos utilizando-se da própria gramática da defesa dos direitos humanos (Negri e Hardt 2006: 36 e Douzinas 2007: 32–33). Eis o que Edward Snowden prova com o próprio corpo, sob a dupla condição de testemunha (*testis*) e sobrevivente (*superstes*), quando luta com todas as suas forças para se tornar um apátrida e um refugiado, escapando à condição de preso político de sua própria nação de origem. Arendt teria estado sempre certa ao afirmar que o refugiado constituiria, após Auschwitz, a vanguarda de seu povo. Não é possível determinar, ao certo, mesmo no caso de Snowden, se "seu povo" se refere à população estadunidense ou aos refugiados desnacionalizados em que os controles e as políticas que envolvem os corpos de cada um de nós virtualmente nos converteram.

Seja como for, como na ontologia bergsoniana, em que as mais vastas realidades materiais são circunscritas pela duração universal como porções inconscientes do real, os dispositivos técnicos de controle contemporâneos têm por objetivo expropriar essa memória-mundo, tornando-a virtualmente manipulável e cronológica. Não se trata, todavia, do mesmo tempo, nem da mesma memória ontológica elementar, que Bergson interrogara, mas de análogos seus politicamente impotentes que as tecnologias policiais fabricam: as capturas do fora equivalem à expropriação dos mundos possíveis. Nas sociedades de controle, a memória e as potências do tempo permanecem fechadas e virtualmente submetidas ao campo perceptivo total que a arrogância dos controles descreve. Por isso, hoje, a condição transcendental da ação livre, que entre os antigos foram a ascese e a coragem parresiasta, tornou-se a ação direta das multidões sem-rosto — único modo de ação para escapar dos controles insidiosos e criar um *entretempo* no qual a ação política se tornou, sob todos os olhares, novamente possível.

## OLHO POR OLHO*

*Limite*, 2013

### TALIÃO

Em "Todos os olhos", o que nos olha é um olho antiplatônico. Gema vítrea, borda confusa. Não se sabe muito bem onde termina o olho e começa o corpo. Assim como foi preciso estourar os macros da fotografia da capa do LP de Tom Zé para ocultar o corpo como sede material do olho, a ação black bloc precisa subtrair os rostos a todos os olhos para liberar o corpo em um espaço controlado. O vandalismo primeiro é uma espécie de ludismo contra a máquina identitária. Olho por olho, entre o black bloc ou Tom Zé, não se trata de conhecer a si mesmo, mas de deixar-se afetar pelo real do corpo. Expor o cu de uma *jeune fille en fleur* em máximo foco na vitrine não apenas testa o olho do poder, seus aparelhos de

---

*. Poema de Augusto de Campos, de 1964, que ilustrava, remodelado, a contracapa de "Todos os olhos" (1973).

captura simbólica, mas desafia a máquina repressiva com a mais sutil das ameaças: o devir-imperceptível. O imperceptível — um pouco como Deleuze, que enfiava as longas unhas no bolso do casaco — é o signo clandestino de toda revolta contra o platonismo identitário do poder. Repetir o imperceptível, primeiro em si, contra o próprio rosto, constitui um atentado contra a máquina identitária, o vandalismo arqueológico.

Podemos nos ver na gema vítrea, mas jamais na borda confusa, que assinala o corpo. O corpo não é espectral ou translúcido. Ele é a muralha cerrada da alma, sua recusa ao mesmo tempo mais profunda e profusa. De todos os olhos, o cu é o mais antiplatônico: a imanência rósea do corpo, perversão da origem do mundo de Courbet. Enquanto "todos os olhos se voltam para mim de lá de dentro da escuridão", o olho antiplatônico assinala o duplo fundamento da política: o corpo e o desejo. Diferença profunda, simetria aparente: olho por olho...

## CADEMAR(ILDO) QUE NÃO VEM?

Todos os olhos inscrevem e registram os pequenos eventos, imagens dos corpos, dos seus movimentos, remontagens infinitas, constroem mapas borgianos dos acontecimentos, promovem capturas cronológicas, sustentam-se em uma obscena máquina identitária. Aquilo que um devir-imperceptível revela é a copertença do corpo ao desejo e do desejo ao corpo, ponto de partida da política. O corpo só pode se tornar eficaz se puder ser tão clandestino quanto o desejo, como uma rachadura que se propaga anônima em um prato (Deleuze e Parnet 1998: 147). Sob todos os signos superficiais da revolta, há uma emoção criadora que a precede — como o poder constituinte é, ao mesmo tempo, esteio e lado de fora do constituído.

Porém, a máquina identitária, positiva e fabril, sutil e disciplinar, possui tanto um campo de atuação quanto um limite no corpo sobre o qual se inscreve. Tanto se pode "forjar uma alma" como um efeito de poder quanto aprisionar, torturar ou destruir um corpo. O limite de sua captura é o desaparecimento material do corpo — superfície física de inscrição — e a dimensão de sua prática não será menos biopolítica do que a operação de forjar um rosto. O desaparecimento de um corpo pode ser fabricado espiritualmente, pelo adestramento e pelas disciplinas, como rearranjo das forças sediças, ou no nível da matéria, por sua tortura e desaparição física. As prisões brasileiras estão a meio caminho entre a produção da desaparição espiritual e a da desaparição física. Também por isso, todo preso é um preso político; porque o prisioneiro é, em primeiro lugar, o corpo — posição de desejo que coincide com a liberdade.

Sempre se trata de separar uma força daquilo que ela pode — e o corpo é a sede inconsciente das forças (Deleuze 2001: 65). Sempre se trata de separar, portanto, em um corpo, suas forças do que elas podem. Como não teria sido essa toda a estratégia profunda da história da filosofia política no decorrer da modernidade ocidental? Na lógica da edificação da cidade ideal, como na lógica soberana, trata-se sempre de forcluir as potências dos corpos, alienar sua multiplicidade na forma unitária do corpo político. Assim como em Platão o poeta imitador instaurava na alma do indivíduo um princípio de mau governo, lisonjeador da parte irascível da alma humana,[7] em Thomas Hobbes os poderes inerentes ao corpo que descreviam seu direito natural deveriam ser objeto de uma privação em comum a fim de fundar uma comunidade política, renunciando ao seu direito sobre todas as coisas ou transferindo-o a

---

7. "Se, porém, acolheres a Musa aprazível na lírica ou na epopeia, governarão a tua cidade o prazer e a dor, em lugar da lei e do princípio que a comunidade considere, em todas as circunstâncias, o melhor" (Platão 2012: 469 [605a/606])

um outro homem (Hobbes 2010: 72-73). Eis como o corpo se torna o irrepresentável da política e, ao mesmo tempo, o fundamento imperceptível e enigmático da soberania moderna.

Sob a célebre representação do Leviatã — corpo soberano feito de infinitos corpos — já se pressente que a formação da cidade depende da sujeição das multiplicidades dos corpos à forma do Um. Alienação da potência na forma, "submissão das vontades de todos à de um homem ou conselho" (Hobbes 2002: 96), o que significa redução da multiplicidade dos desejos e apetites à vontade do Um, mas também cessão do direito de usar as múltiplas riquezas e forças contra qualquer um; "àquele que submete sua vontade à vontade de outrem transfere a este último o direito sobre sua força e faculdades" (Hobbes 2002: 96), isto é, sobre as forças de seu corpo. Hobbes dirá mais de uma vez que transferir a um só homem ou a um conselho toda a sua força "nada mais é do que abrir mão do seu direito de resistência" (Hobbes 2002: 98). Se o corpo é a sede material das forças, ele é, por definição, o foco de toda potencial resistência às forças que o penetram. Contra todas as ordens de afetos políticos, os corpos individuais são organizados pelo afeto homogêneo da ordem soberana. É o terror que o enorme corpo político inspira que garante a concórdia e a unidade das vontades; terror, conjuração do desejo.

Na lógica da soberania, o corpo resta elidido, a não ser como ponto de aplicação do poder e sede de forclusão de seus potenciais específicos. Os afetos perigosos que nutrem ou revelam as múltiplas composições de forças que atravessam os corpos, que revelam sua resistência e liberdade ontológicas contra a sujeição, permanecem inermes. Corpo e vida são a direção ao mesmo tempo material e metafísica contra a qual a soberania investe. Se Foucault (2009: 127-128) dissera que o velho direito de soberania encontra na matabilidade seu fundamento primeiro, é na medida em que "fazer morrer" significa anular permanentemente um corpo na tessitura social das forças. A governamentalidade soberana é o desterro do corpo para apropriar o corpo. Não apenas a vida, mas também o corpo do vivo, são objeto de uma dupla exceção. Se a vida só ingressa na esfera política na exata medida de sua intrínseca matabilidade — como quisera Agamben (2007: 90) — um corpo, e as forças em um corpo, só podem ingressar na esfera da soberania política na medida de sua forclusão. O corpo designa a porção ingovernável de real que retorna nas revoltas e as revela como tais. Toda revolta é sempre a revolta profunda dos corpos, porque o corpo jamais se insere nos mecanismos de representação política.

Mesmo como elemento de controle biométrico — talvez a mais recente máquina identitária que o Brasil tenha inventado — o corpo entra na política sem qualquer *virtù;* assinalar sua identidade, ligar um rosto a um corpo, a suas dobras físicas, revela o campo de inscrição do poder, mas mantém ocultas as forças que um corpo conserva irrepresentáveis. O corpo é, a um só tempo, matéria de sujeição e campo incessante de subjetivação soberana. Em uma palavra, o corpo é *subject,* o sujeito político por excelência. Eis o que supõe a construção de uma antropologia de fundo para os direitos humanos, cujo advento teria assinalado que a vida se tornava, na passagem da soberania régia para a dos Estados-Nação, o portador imediato da soberania (Agamben 1996: 134; Agamben 2007: 25).

Servindo-se dele, seria preciso ir mais além de Agamben. O poder se exerce sobre a vida dos corpos como forma para inscrever-se no *corpus* da vida. Ainda que a vida seja a verdade profunda do corpo, os corpos são a verdade mais superficial da vida, seu ponto de encarnação e aparição, de construção de mundo, de sujeição e resistência. Não há como produzir a exceção política da vida sem forcluir o corpo, sem dominar suas forças, sem arrastá-lo para fora da política, sem sublimar sua multiplicidade de afetos no terror virtualmente total que o Leviatã inspira e que sua polícia pratica. O corpo é a base material sobre a qual todo poder se inscreve, faz memória com ele, o espiritualiza — como a tortura dos primitivos servia para criar, no corpo, uma memória da lei (Nietzsche 2008: 50; Clastres 2003: 198-204). Princípio antrópico da genealogia da moral: o homem se torna o animal capaz de fazer promessas apenas na medida em que o terror e a crueldade forjaram, em seu corpo, uma memória e uma alma prenhes de má-consciência. Paradoxalmente, o corpo marcado assinala que a verdade profunda do corpo é a alegria da crueldade — seu sistema imanente de afetos.

O corpo é, ao mesmo tempo, o Fora da política e a sua integral. Por essa razão, de Platão a Hobbes, a cidade ideal só pode erigir-se mediante a forclusão de seus afetos, que são também suas forças e sua potência, as intensidades que o atravessam de fora e as dobras com que um corpo cria um lado "de dentro". É nesse sentido que o corpo desaparecido ou oculto — força separada da potência — confunde-se com o corpo ideal do súdito. Dupla captura soberana: apropriação e, ao mesmo tempo, forclusão do corpo pelo Um. Exclusão das potências do corpo — sua multidão indócil de afetos —, invenção do corpo do súdito e construção do corpo soberano. *Reductio ad unum.* Mesmo que estejam de quatro, os soberanos só sabem gritar "Morte ao múltiplo!".

Talvez por isso, a tortura e o desaparecimento sejam, ainda hoje, as demonstrações mais bem-acabadas da tese segundo a qual o corpo é, a um só tempo, o fora e o fundamento da política. Durante a ditadura militar brasileira, a repressão, a tortura e o assassinato sistemático de opositores constituirão, ao longo de algumas décadas, os paradigmas de exercício do controle social e da repressão estatais contra as insurreições da luta armada revolucionária (Negri; Cocco, 2005: 103). Mesmo após a transição ao regime democrático, esses aparatos burocráticos não são desmontados, não sofrem purgas, tampouco são reestruturados no Brasil. Pelo contrário, em pleno funcionamento, o aparato de violência legal permanece atrelado às estruturas herdadas do regime precedente — o que poderia explicar, ao menos em parte, a escalada da violência endêmica no Brasil e no resto do continente latino-americano pós-ditatorial (Pinheiro, 2002: 240), especificamente estruturada sobre o *rapport* Estado-cidadão que se desenvolve em culturas políticas autoritárias marcadas pela violação a direitos humanos e pela lógica da impunidade.

Vladimir Herzog está para o sistema de legalidade aparente da ditadura militar brasileira como Amarildo de Souza está para a democracia aparente do sistema de pacificação carioca. O ajudante de pedreiro é ilegalmente preso para averiguação — forma de prisão comumente exercida pela polícia política da ditadura militar brasileira —, é torturado na sede da Unidade de Polícia Pacificadora da favela da Rocinha e assassinado. Sua morte não é forjada — como a de Herzog —, mas seu corpo é ocultado pelos policiais envolvidos. Três formas de anular um corpo: prisão, tortura, desaparecimento. O fato de uma Unidade de Polícia Pacificadora ter se tornado, ainda que temporariamente, sala de tortura, revela a verdade profunda da pacificação como apropriação política dos corpos. O assassinato de Amarildo e a ocultação de seu cadáver torturado revelam, ainda, que do sistema de legalidade aparente ao sistema legal de democracia aparente, o corpo jamais deixou de ser fundamental para os regimes de governamentalidade. O paradigma de governamentalidade das polícias militares — como sua estrutura constitucional — não se alterou de 1967 para cá. Enquanto a sala de tortura produz um corpo violado, e o assassinato político produz um corpo sem vida, o desaparecimento produz a ausência de corpo (Teles 2010: 305) — destino autofágico da soberania política moderna.

Amarildo, não o *homo sacer*, é o corpo político paradigmático da legalidade de democracia aparente do Brasil contemporâneo. O corpo de Amarildo foi o laboratório total do poder constituído: corpo ilegalmente aprisionado — como o de Baiano ou Rafael —, torturado e morto — como o de Herzog —, e finalmente desaparecido. A faixa título de "Todos os olhos" aparece como uma resposta, mas também como um produto do corpo torturado. De vez em quando, vindos do fundo da escuridão, todos os olhos interrogam um corpo, "esperando e querendo que 'eu' seja um herói", e que lhes responde: "Eu sou inocente", "Eu não sei de nada", "Eu sou até fraco". Todavia, "Cademar" — a canção que antecede "Todos os olhos" — expõe o corpo como o duplo e paradoxal fundamento da polícia política de seu tempo. O corpo antecede e borda a gema vítrea de todos os olhos saídos da escuridão; a desaparição do corpo é, ao mesmo tempo, o fundamento material do exercício do poder e o destino autofágico da política soberana. A tortura é a inscrição obscena da lei no corpo. O desaparecimento, a clandestina e integral absorção do corpo pela lei — limite ideal das repúblicas.

Por isso, do Ato Institucional nº 5 a Amarildo, a terceira faixa de "Todos os olhos" nunca deixou de ser atual. Topologicamente, a canção de Tom Zé antecipa a faixa que dá título ao LP de 1973 sob a forma da questão que invadiu as ruas em outubro de 2013. O "Cadê Maria que não vem?", de Tom Zé, revela a genealogia temporalmente insistente das desaparições políticas, hoje praticadas pelos grupos — por vezes policiais — de extermínio, moralmente neutralizadas como "guerra justa" contra o tráfico e o crime organizado (Negri; Hardt 2006: 34). Entre 1968 e 2013, "Cadê Maria?" — o grito poeticamente recortado e politicamente abafado de Tom Zé em plena ditadura — atravessou insensivelmente por milhares de nomes, dos autos de resistência injustificáveis aos enterros de corpos não-identificados como indigentes. Em outubro de 2013, os milhares de pequenos gritos inaparentes e sufocados sofreram um efeito de acúmulo e "Cadê Amarildo?" definiu-se como a sua integral: integral dos mortos e desaparecidos do sistema de democracia aparente do Estado brasileiro pós-1988.

As prisões arbitrárias de Rafael, Baiano e Amarildo constituem o signo incontestável de que corpo e liberdade são a verdade profunda da política — verdade que deve ser dominada em suas forças profundas, reduzida em sua multiplicidade ao Um, anulada em sua resistência natural. Os corpos, a forclusão de seus afetos, sua tortura e desaparecimento, são os limites da política e expõem a verdade profunda da política e da lei que, não sendo pacificação, como quisera Hobbes, são guerra (Foucault, 2002: 22–24 e 58–59) — hipótese-Nietzsche. Porém, um filósofo mascarado já afirmara que o espírito não é uma cera mole (Foucault, 2001: 927), mas uma substância reativa. Tampouco o corpo é uma cera mole. Borda dissoluta, não sabemos o que pode um corpo.

Enquanto todos os olhos do controle espreitam o corpo, seu olho antiplatônico imperceptivelmente exposto na vitrine espreita a *pólis*. Tornados irrepresentáveis pelo poder constituído, os corpos multiplicam suas forças elididas; e as forças que espreitam a *pólis* são as mesmas que conspiram em silêncio, clandestinamente, pelo tempo que for preciso — até que uma ontologia profunda dos corpos se encarne, inesperadamente, em uma fenomenologia da revolta.

# Beaglepolitik

*Laboratório*, 2013

O CORPO É UM BICHO

Quando Espinosa inscreveu no frontispício dos livros de filosofia a questão "*o que pode um corpo?*", queria dizer que não sabemos *o que é um corpo*. Enquanto toda a tradição metafísica pré-kantiana colocava em questão a demonstração de um Deus e de um espírito transcendentes ao mundo, Espinosa era amaldiçoado por seu povo por perguntar-se o que constitui, em um corpo, o arranjo de suas forças e sedições, das infinitesimais deposições de sujições e subjetivações que forjam, em um corpo, algo como uma alma inaparente e uma potência divina de liberdade. Espinosa era amaldiçoado, ainda, por afirmar que a mesma potência divina que era necessária a um ente para vir à existência, era igualmente necessária para que ele perseverasse nela, segundo seus modos singulares, suas paixões, desejos e apetites; e, finalmente, por afirmar que a potência infinita de deus confundia-se com a potência da própria natureza: *Deus sive Natura*. A imanência espinosana trabalhava a quente contra a transcendência forjada a frio pelos metafísicos.

Cada corpo age determinado por apetites e paixões, mais do que pela razão e, por meio deles, cada um se esforça por perseverar na existência. Sábios e tolos são igualmente partes da natureza e esforçam-se, segundo os modos singulares e afetivos de seu corpo, por perseverar na existência. Em um caso como em outro, é a unívoca e divina potência da natureza que atravessa os corpos e os determina a agir como lhes convém — segundo o desejo ou de acordo com a reta razão.

O corpo espinosano é um campo de variações de ações e paixões, e não há potência para além dos afetos que o percorrem, como não há tristeza ou alegria para além de um corpo. Responder à questão "o que pode um corpo?" é, em Espinosa, perguntar-se sobre os limites de sua potência, o conteúdo variável de seu direito natural (Deleuze 1968: 236). Do corpo, emerge um sistema imanente de direitos que coincide com os conjuntos de potências e afetos definidos no campo de variação singular que constitui um corpo. O direito de cada um estende-se por definição até o ponto em que se estende o seu desejo e a sua potência (Espinosa 2008: 234-235). Porém, quanto mais vivemos sob as injunções do terror e do medo, menores são nossas capacidades de agir livremente, menor é nossa compreensão sobre o desejo que nos habita. É preciso infundar toda uma ordem hobbesiana e o terror pressuposto pelo *rapport* soberano-súdito. É preciso relembrar as múltiplas escritas de um anti-Hobbes. Eis o ponto em que uma ontologia política reencontra a verdade dos corpos, o desejo mais profundo que os corpos exprimem. O corpo é o campo microfisiológico de rearticulação entre o erótico e o político. O corpo é um bicho.

### SEU CORPO VAI SE TRANSFORMAR NUM RAIO

Tudo o que passa por um corpo faz sua história mais ou menos demorada. Demografias, patologias, processos metabólicos, necessidades e apetites, pestes, bacilos e vírus, sujeição ao trabalho, conformação a cerimônias e a rituais. As disciplinas transformam o corpo em um bicho de laboratório. Tanto quanto a filosofia política da modernidade descobrira ser possível fabricar, no corpo, um súdito de afetos anulados, o saber-poder disciplinar e os investimentos econômicos do capitalismo descobriram estratégias para dobrar as forças de um corpo, a fim de transformá-lo em corpo, ao mesmo tempo, produtivo e submisso. A partir daí, um corpo é definido segundo uma seleção estratégica de sua potência: corpo-reprodução, corpo-força de trabalho, corpo-produção, corpo-usina. Porém, a seleção estratégica deve significar, ao mesmo tempo, a adoção de estratégias microfísicas — exercidas no nível do detalhe, do gesto ou de seu esboço — destinadas a sujeitar certos vetores de forças que atravessam os corpos. Se as estratégias disciplinares se definem pela fabricação de corpos dóceis e úteis, é na medida em que as forças indóceis, de resistência e sedição dos corpos, que os definem como tais, devem ser neutralizadas em proveito da ação estratégica das disciplinas; alienação da potência na forma de um arranjo fabril das forças de um corpo.

Eis o corpo político, objeto de investimento; objeto de violência e ideologia, ponto de aplicação tanto da porrada quanto da propaganda mas, principalmente, objeto de gestão estratégica, controle sutil e contínuo, adestramento e laboratório fabril de produção de servidão voluntária (La Boétie 1982). Nas disciplinas dos modernos, trata-se muito mais de investir um corpo de um conjunto de forças economicamente úteis e politicamente dóceis do que de apropriar-se dessas forças, como em um pacto hobbesiano. Trata-se muito mais de investir cada corpo como um imenso laboratório das forças que de exigir sua rendição violenta. O poder não é, portanto, uma coisa que alguém detenha, mas um nome que nos acostumamos a atribuir ao "efeito de conjunto" das posições estratégicas e para descrever os vetores ativos de dominação. A sujeição voluntária de um corpo às disciplinas, como uma forma-homem ou uma alma, descreve antes os efeitos regulares dessa forma de exercício de poder do que uma natureza naturada sempre já feita.

O poder tampouco implica obrigações ou interdições; seu modo de exercício não é meramente repressivo ou violento: circulando entre os corpos, por meio dos corpos, ele os investe e fabrica, apoia-se neles (Foucault 2012: 29). Portanto, seria um erro localizá-lo pura e simplesmente nos aparatos de Estado ou nas formas gerais da lei, se o poder circula e se multiplica através dos corpos. Muito antes de ser a propriedade de alguém — do Estado ou de uma classe —, o poder é algo que se exerce em função de singularidades locais. Não pode, portanto, ser descrito de maneira homogênea (Deleuze 1983: 33).

O ateísmo marxista venera o Estado analítica e estrategicamente, pois crê encontrar na superestrutura a localização privilegiada do poder. Porém, o Estado não pode constituir senão um efeito de conjunto de posições estratégicas de uma microfísica que define as formas metaestáveis pelas quais um poder circula pelos corpos, por seus pontos estratégicos de submissão e singulares de sedição e revolta. Toda revolução começa pela revolta que se produz, primeiro, nos corpos. Para compreender adequadamente a natureza microfísica das mais infinitesimais relações de poder, seria preciso abandonar uma teleologia da história em proveito de uma ontologia política do devir; ainda, seria preciso abandonar uma teoria da revolução redentora em proveito de uma práxis da revolta que sempre esteve — e ainda está — nas ruas, mas jamais ingressou nas bibliotecas.

Uma das principais teses de Foucault desde as primeiras páginas de *Vigiar e Punir* é a de que o poder não possui uma essência — a partir da qual seria possível atribuir aos sujeitos a qualificação de dominantes ou dominados —, mas o poder é operatório. Isto é, o poder implica uma relação de poder; ele se define como um conjunto de relações de forças que atravessam tanto pelos arranjos singulares que resultam em forças dominadas como os que produzem forças dominantes. Mesmo o corpo do submisso, do bicho de laboratório das disciplinas aplicadas ao corpo, constitui ponto de apoio material para seu exercício. As forças não podem produzir um tal arranjo se não circularem por ali, se não vencerem as resistências que as potências indóceis de um corpo esboçam, se não obliterarem as virtualidades mais ou menos espirituais que o percorrem.

Em uma entrevista concedida a Dreyfus e Rabinow, Foucault definira o poder como relação da força com a força. Isso era uma forma de negar que haja exercício de poder unidimensional, poder que se exerça simplesmente como violência ou como ideologia, como porrada ou como propaganda. Há sempre um ponto de apoio nos corpos que lhe corresponde, há sempre uma imensa rede de contrapoderes e forças sediças a dominar e vencer, forças das quais um corpo se deixa investir incessantemente e sempre em relação. Nada de forças verticais e isoladas; mesmo a transcendência da soberania se sustenta na horizontalidade aberta das microssujeições.

O corpo se determina, então, como um campo experimental das relações de poder. O corpo se define, como uma perspectiva das relações de forças — borda dissoluta ou olho antiplatônico que todos os olhos do controle vigiam. O corpo é um bicho de laboratório. Sempre se trata de definir suas forças, conduzi-las ao seu limite, experimentá-las até o fundo de suas resistências, dominá-las, aplacar suas revoltas, torná-lo superficial. Toda relação de poder se define, então, como uma anatomopolítica; a *realpolitik* é uma *beaglepolitik*.

#### TEORIA DOS CORPOS ANARQUISTAS

O corpo é uma perspectiva das relações de força que se agenciam com ele. Contra todos os olhos, o olho antiplatônico do corpo envolve e espreita o poder. Mas o corpo só pode ser uma perspectiva das relações de força porque tais relações circulam pelos corpos das multidões confusas, encontram nos corpos seus pontos de articulação e apoio, agenciam-se com eles, combatem estrategicamente suas resistências. Assim como o poder explode contra as multidões nas ações criminosas legalizadas pelas formas jurídicas do Estado e do capital-dinheiro, os corpos misturados explodem, também, a partir delas.

Toda ação black bloc se define como a criação de um entretempo em que a política se tornou novamente possível. Sem identidade ou controle, sem rosto e sob nenhum olhar senão o do olho antiplatônico — que é puro corpo —, a condição de possibilidade da ação política investe-se plenamente nos corpos e na multiplicação dos corpos, na suspensão das disciplinas e na reemergência de suas potências forcluídas. Como em Espinosa o vir à existência de um ente e seu desejo de perseverar na própria existência demandavam a mesma potência eterna da natureza, resistência e reexistência coincidem nos corpos irredutíveis que compõem os blocos negros. As multidões efetuaram a passagem das redes às ruas, do cérebro eletrônico, de Gilberto Gil, à práxis concreta de uma filosofia política dos corpos misturados.

Sob o eu social — superfície verminal construída por mil e uma microssujeições (como viajar em ônibus lotados, pagar mais do que um serviço público vale, dar-se conta dos lucros astronômicos dos empresários do setor de transportes, conhecer as grandes ilegalidades convalidadas pela lei que torna essas malhas de poder cada vez mais tesas e "naturais"...) — não cessam de se acumular e renovar as potências rebeldes, os contrapoderes de corpos indisciplinados, indóceis e, do ponto de vista dos poderes que se organizam para sujeitá-los, inúteis.

Na medida em que, contra o Estado, produz-se a revolta profunda de todos os corpos, esses corpos convertem sua fenomenologia da revolta em uma ontologia da liberdade. Descobrem que a única consistência da liberdade é a práxis da rebelião e, ao mesmo tempo, que a única forma de fazer uma rebelião que seja também uma festa de destruição de todos os valores contestados é tomando parte nessa experiência de liberdade. Sob a práxis está a descoberta revolucionária de todos os corpos indisciplinados: *jamais fomos sujeitos*! O poder que circula pelos corpos — seus fluxos domados e axiomatizados pelo capital, pelo Estado, pelos aparatos micrológicos e microfascistas das sociedades de controle — é desejo *esquizo*, potência revolucionária. Rebelando-se contra as disciplinas, todos os corpos poderão, um dia, descobrir-se profundamente anarquistas, questionando a repartição do lícito e do ilícito a partir das ações *borderlines* como a de quebrar vidraças de bancos ou depredar estabelecimentos capitalistas, usar máscaras, incendiar lixo ou pichar palavras de ordem — travar discursivamente, também, esse combate pela produção de signos e pelo sentido comum do sensível (Rancière 1996).

O anarquismo profundo dos corpos confunde-se com a descoberta prática e concreta de que os corpos não são apenas feitos de investimentos do poder, mas podem ser o laboratório ascético ou coletivo de desarticulações que revelam, no corpo, a insistência de poderes sem investimentos. Não basta rasurar o *cogito*. Mais do que uma política, desfazer o rosto tornou-se condição da política; mas ainda é preciso tornar o corpo impessoal a ponto de não mais reconhecer a extensão que cotidianamente vemos refletida no espelho. Vestir-se de preto, mas jamais ceder a potência de seu corpo ao Estado ou a grupelhos; tornar o corpo impessoal para liberá-lo como uma força, uma potência específica ou um raio. Podemos não sabê-lo, mas se trata de jamais renunciar àquilo que um corpo pode. Por isso, black blocs não podem se confundir com sujeitos, grupos ou organizações, mas encarnam as ações impessoais, praticam uma política do impessoal. Podendo ser algo aquém ou além de um homem, a ação black bloc dissolve as cisões entre homem e animal para revelar a sombra do animal contemporâneo ao homem; ou, para revelar o homem como um animal biopolítico e seu corpo como um bicho de laboratório. Não basta liberar o homem, que é um efeito de poder. É preciso liberar o corpo, pois o corpo nos encarrega de nossos animais. Encarregar-se de nossos animais é atestar, mesmo que de um modo obscuro à representação ou à inteligência, a copresença do primitivo.

### QUEREMOS GUERRA

"A guerra é a relação social fundamental". Escritores tão heterogêneos como Foucault e Clastres, sobre substratos tão díspares quanto a formação das sociedades soberanas ou a lógica guerreira nas sociedades primitivas, puderam afirmá-lo. "O natural, ou o primitivo, persistem sob as infinitas camadas de cultura". Tese de *As Duas Fontes da Moral e da Religião*, de Henri Bergson, mas também do Manifesto Antropófago oswaldiano. Do entrecruzamento das duas teses, o desejo de múltiplo que os corpos black blocs exprimem agencia-se em uma revolta contra o Um, em que a ação direta — o vandalismo contra bancos, caixas eletrônicos e empresas-símbolo do capitalismo industrial avançado — é criador de um sentido a um só tempo novo e primitivamente iludível, contra as divisões sociais duras e segmentares que as sociedades com Estado impuseram. Sob as infinitas camadas de cultura, afirmar que o primitivo existe é, de algum modo, reafirmar que os corpos não cessam de insistir e reexistir também ali.

O corpo é o primitivo, o aborígene e o nômade das estepes que jamais deixou de ser — apenas deixou de ser atual, ou ativo. Se a política moderna forclui certas potências dos corpos a fim de investir outras, dóceis e úteis, a persistência do primitivo encontra nas forças indóceis, inúteis e revoltosas dos corpos seu princípio contra o Um. Seria preciso falar, antes, nas multiplicidades e nas singularidades dos corpos; no singular, "o corpo" não passa da grade de análise que utilizamos como metáfora unívoca das multidões.

Clastres escrevera que uma linha divisória atravessa a história das sociedades e as reparte entre sociedades com e sem Estado, sociedades marcadas pela divisão entre dominantes e dominados e sociedades indivisas ou, para utilizar torpemente um mitema ocidental, tais divisões correspondem às sociedades selvagens e civilizadas. A etnologia de seu tempo insistia em ver nas últimas uma forma evoluída das primeiras, enquanto Clastres queria demonstrar sua diferença de natureza irredutível. Jamais teria sido estruturalmente possível gerar Estado no seio de sociedades primitivas — não por uma falta de desenvolvimento destas, mas por razões de ordem estrutural, de operações que conjuravam a cisão interna do poder no corpo social, como a chefia e a guerra.

A modernidade eurocêntrica quase sempre sonhou as sociedades primitivas como a matéria perdida que daria consistência ao hipotético estado pré-social que, por desenvolvimento, progressão ou contrato, estaria na origem da gênese do Estado, da genealogia profunda da divisão entre dominadores e dominados, que julgavam ser, desde Platão ou Aristóteles, politicamente constitutiva. A hostilidade natural dos índios comprovaria, finalmente, a tese hobbesiana de que a guerra de todos contra todos termina por dar origem ao Estado e estruturar as divisões políticas em que ele se sustenta.

Se Foucault (2002: 59) identifica o limite do pensamento político moderno na inversão da fórmula de Clausewitz — "a política é a guerra continuada por outros meios" —, mostrando que a lei, nascida em meio ao sangue e à lama das batalhas, não é pacificação, mas signo real da dominação dos vitoriosos sobre os vencidos, Clastres descobre na máquina de guerra primitiva uma relação social fundamental de outra ordem, que sustenta a aliança e a troca, que é uma operação do *nómos* próprio às sociedades primitivas, que se inscrevia nos corpos dos jovens durante os rituais iniciáticos. As sociedades primitivas jamais foram sociedades sem Estado, mas sociedades *contra* o Estado, que conjuravam a formação de um órgão de poder separado do corpo social (Clastres 2011: 138). O lugar real do poder, e do desejo de poder, nas sociedades contra o Estado, é o corpo social "que o detém e o exerce como unidade indivisa" (Clastres 2011: 142).

Com isso, Clastres infirmava a tese da pretensão trans-histórica da existência do Estado e produzia uma fissura incolmatável na linearidade simples dos modernos que acreditavam ter encontrado entre os selvagens o *missing-link*: "o Estado não é eterno", "ele tem data de nascimento". Depois de Clastres, não se poderia mais colocar a questão da gênese do Estado da forma que ela se insinuava entre os modernos.

Sob a etnofilosofia selvagem de Clastres se dissimulava uma tese profunda sobre a natureza formal do poder, cuja pressuposição se poderia descobrir em uma linha divergente da filosofia política europeia inaugurada por La Boétie: "a divisão [entre dominantes e dominados] não é uma estrutura ontológica da sociedade" (Clastres 2011: 150). Por mais que tenhamos perdido a lembrança de sua existência, a sua desmemória é insistente. Claro que não podemos nos iludir sobre retornos — nem La Boétie, nem Clastres, ou Deleuze, o faziam. Porém, insistem nos corpos civilizados vetores políticos de forças selvagens que é preciso estimar. O primitivo é o imemorial contemporâneo — tese bergsoniano-oswaldiana.

Clastres (2011: 217) não cessará de afirmar que o ser social das sociedades primitivas é um *ser-para-a-guerra*. Deleuze e Guattari (2007: 22) perceberam que a "a organização da máquina de guerra é dirigida contra a forma-Estado, atual ou virtual". Exterior ao Estado, a máquina de guerra é o princípio operatório do contra o Um. A guerra conjura a gênese efetiva ou potencial do Estado. Trata-se de evitar o mau encontro, de evitar toda corrupção do desejo de prestígio (comum ao chefe como ao guerreiro) em desejo de poder. Trata-se, sempre, de abandonar quem "quer bancar o chefe" ao desprezo e à morte.

Porém, o que significa conjurar pela guerra a forma-Estado? O que é o "contra o Um"? O Um determina o nascimento de um polo de poder separado do corpo social, transcendente em relação a ele. O nascimento da forma-Estado — que Deleuze e Guattari (2007: 21) dizem ser um "golpe de gênio", não uma evolução, um desenvolvimento das forças produtivas, ou uma diferenciação das forças políticas — pressupõe divisão, cisão e hierarquia; em uma palavra: distinção entre governantes e governados. A guerra trata de evitar o infortúnio e o mau encontro, consiste em um modo de existência que afirma a igualdade de cada um no seio social, de uma maneira de perseverar em seu ser indiviso. Conjurar a forma-Estado, guerrear contra o Um, manifesta um irredutível desejo de multiplicidade e diferença na manutenção de uma intranscendência social do poder. Os poderes não podem fugir aos corpos, pontos de fusão e multiplicação dos corpos anarquistas nas multidões confusas. *Nómos* contra a *lei*, as multidões de singularidades insistem em uma forma de diferenciação contínua que não implica divisão interna ou hierarquia, que resiste a separar os poderes dos corpos em uma unidade política distinta.

Por isso, conjurar a forma-Estado é muito mais do que uma operação negativa que visa a destruir uma formação política em estado nascente. Ela só pode aparecer assim aos olhos de espíritos civilizados. A exterioridade da máquina de guerra nas sociedades primitivas era construída em um sentido absolutamente positivo, que era o de manter o poder em uma relação imanente com o corpo social; combater, com a máquina de guerra, toda e qualquer formação de poder separada ou isolada do corpo social. Bastava ignorar as palavras do chefe, rir delas ou abandoná-lo à morte para garantir a imanentização da chefia aos agenciamentos coletivos de desejo; bastava subordinar a guerra aos interesses da coletividade, como todo indiviso, fazendo do guerreiro, de sua capacidade técnica e de seu desejo de prestígio um simples instrumento a serviço do corpo social indiviso; bastava converter as corrupções do desejo de prestígio em desejo de poder em ser-para-a-morte, o que impedia pragmaticamente o aparecimento de uma classe militar dirigente; finalmente, bastava conceber a guerra como uma forma de indisciplina fundamental.

O ser contra o Um das sociedades primitivas é apenas o enunciado civilizado, assombrado pelo negativo, que oculta o desejo profundamente positivo de multiplicar o múltiplo (Clastres 2011: 248), de jamais alienar o poder que percorre os corpos das multidões confusas a uma forma-Estado separada dele. Afirmar que a guerra é uma máquina exterior ao Estado e à sua conversão em aparelhos militares significa subordiná-la a uma forma positiva de desejo que se entranha e reparte no corpo social, que impede a sacralização da violência nas instituições estatais ao mesmo tempo em que atesta a copertença entre poder e sua imanência à multidão de corpos penetrados por uma indisciplina fundamental.

Talvez por isso, em *Queremos Guerra* — a última faixa de *Gilberto Gil*, de 1969, escrita por Jorge Ben Jor — a guerra aparecia como um grito imenso, mas subordinado ora à mobilidade da paixão e do desejo ("mas só se não fizer sol amanhã"), ora à hostilidade e ao gozo ridículo ("Mas só se for para brigar / com a minha sogra"). Ao mesmo tempo, a guerra é efêmera ("A guerra é um só momento") e constitui o sustentáculo imemorial ("Depois da guerra, / Vem o esquecimento") das alianças (que ensinam "Como é feia a guerra / Como é lindo o amor"). Mais do que gerar um ente político separado que viria contê-la — um Estado hobbesiano contra a guerra —, a guerra ou o genocídio constituem função da forma-Estado em sua gestão necropolítica, de modo que *viver é ingressar em uma guerra permanente contra o Estado*.

A máquina de guerra parece funcionar por toda a parte em que há corpos investidos de poderes, cedendo ou resistindo a eles, formando blocos-sujeitos ou blocos-negros de corpos insubmissos ou liberados. Trata-se sempre da mesma máquina selvagem operando por baixo das estruturas do Estado e, até mesmo, parcialmente capturada por seus aparelhos militares e convertidas em máquinas de morte e abolição. Por toda parte em que se faz ouvir uma máquina de guerra, *isso* funciona: a máscara contra o rosto, olho antiplatônico contra o controle, vandalismo contra a propriedade, a sociedade contra o Estado. Assim como a dissimulação do rosto é a recusa de um rosto biopolítico que o poder inventou para cada cabeça, a dissimulação dos corpos envoltos em vestes negras é o índice de uma operação ontológico-política em profundidade: a destruição de um corpo biopolítico e disciplinado, a liberação de forças indomáveis e selvagens que se redescobriram na multiplicidade confusa dos corpos. Sua aparente homogeneidade não designa a forma interiorizada de um grupo identificável. Sugere, antes, o pressentimento de uma sociedade indivisa que está no devir ou no ecúmeno das sociedades divididas. Desejo de multiplicar o múltiplo, de conservar a imanência de suas forças aos corpos das multidões prenhes de singularidades confusas e potências inaudíveis.

*Um índio*, 2013

## O HOMEM É O FULECO DO HOMEM

Até a metade dos anos cinquenta, a canção popular brasileira foi espiritual, uma expressão sentimental. Nada, ali, se parecia com um corpo. Muito romantismo, mas nenhum erotismo. Muito Apolo, mas nenhum Dioniso. Muita beleza clara, mas nenhuma obscura embriaguez. A voz sublime dos cantores da era do rádio formava um código expressivo e, ao mesmo tempo, uma metonímia total da canção. O tropicalismo, porém, reinventava a dimensão ritual da música (Favaretto 2007: 35) e reintroduzia o corpo na canção. Em 1969, Gilberto Gil gravava pela Philips um LP que levava apenas seu nome, mas ficou conhecido como "Cérebro Eletrônico", especialmente após uma regravação da canção que abria o álbum em 1996, por Marisa Monte. Assim como os corpos black bloc se vestem de preto para produzir a reinserção do corpo na política, Caetano Veloso, inspirado por Hélio Oiticica, vai vestir-se de boá rosa ou com roupas de plástico a fim de restaurar a dimensão profundamente ritual do corpo erótico na música. Seu ponto de chegada e integração é o corpo-*performance* dos *Secos & Molhados*, a expressão integral das bordas dissolutas do corpo. A Tropicália fez da cultura a sua natureza própria e íntima. O corpo, o campo ritual de fusão e indistinção das cisões entre natureza e cultura.

### TÁTICA

Se os poderes que investem os corpos se definem mais por sua distribuição imanente do que por sua unificação em uma esfera separada, é preciso interpretar a ação direta black bloc para além de toda significação negativa. É comum que as ações diretas sejam definidas em função de uma tática simbolizada como ação sem sentido, signo de niilismo político. Sob essa interpretação, as ações diretas tornam-se reféns do negativo puro ou de suas reduções simbólicas. O ponto em que a tese da persistência do primitivo encontra a tese da guerra como relação social fundamental, especialmente entre os primitivos, não poderia ser outro: nos corpos, nos afetos e poderes ontologicamente inseparáveis deles, insistem as virtualidades de uma máquina de guerra que sempre pode ser inventada — como uma malta contra o Império. Portanto, é sob condições históricas irredutivelmente heterogêneas que o black bloc tem em comum com as sociedades primitivas a capacidade de invenção de uma máquina de guerra contra o Um. Eis o que torna necessário perspectivar sua tática do ponto de vista de sua positividade interna. Nada, na articulação concreta entre máquina de guerra e persistência do natural, se assemelha a um anarco-primitivismo; já afirmamos mais de uma vez que retornos puros não são possíveis.[1]

Assim como Clastres pretendeu escrever o anti-Hobbes primitivo, seria preciso ensaiar uma espécie de anti-Hobbes black bloc como a invenção de um modo concreto contemporâneo de conjuração do infortúnio e do mau encontro. Por meio dele, trata-se de efetuar um largo salto da tática, interpretada como ação sem sentido, à tática como horizonte de instauração positiva de sentidos e de sua multiplicação.

Se a máquina de guerra permanece externa em relação ao Estado, a tática será um conceito irredutível ao vocabulário militar. Ela está mais próxima dos afetos que definem as linhas de latitude e longitude pelas quais operam no cerne dos corpos; as táticas operam sempre como descargas emocionais rápidas, projé-

---

[1] "Homens de guerra renascem, com muitas ambiguidades; são todos aqueles que sabem da inutilidade da violência, mas que estão na adjacência de uma máquina de guerra a ser recriada, de revide ativo e revolucionário. [...] Eles não ressuscitam velhos mitos ou figuras arcaicas, são a nova figura de um agenciamento trans-histórico (nem histórico, nem eterno, mas intempestivo)" (Deleuze e Guattari 2007: 84).

teis velozes, como horizontes de mobilidades contínuas (Deleuze e Guattari 2007: 79). Assim como a tática é sempre a tática dos corpos que operam por afetos, os afetos são como suas armas. Se perguntarmos a qualquer não-policial e não-jornalista como nascem os quebra-quebras em meio às manifestações, obteremos a reposta: "contra a violência policial"; se perguntarmos a qualquer não-policial ou não-jornalista sobre a gênese da violência black bloc, descobriremos que "o Choque começou a bater sem qualquer motivo". A máquina de guerra é uma das respostas práticas sobre a questão espinosana: "o que pode um corpo?". A tática não passa de uma linha de desenvolvimento, ou de efetuação, de seus potenciais afetivos e de ação.

O black bloc define-se como uma tática, isto é, como uma multiplicidade virtual de afetos que só podem definir-se em concreto e em função de corpos que perderam qualquer qualidade subjetiva: sem rosto e imunes aos olhares, mas também contra o corpo das disciplinas, as roupas negras ajudam a fabricar um corpo ritual e intensivo, cujas ações diretas remetem a imensas constelações de ações livres (Deleuze e Guattari 2007: 79). As ações são corporais, mas tornaram-se, ao menos na duração intempestiva de um entretempo, inimputáveis a qualquer sujeito. Por isso, é ingênuo esperar que as ações diretas não contrastem com ordenamentos jurídicos positivos constituídos; mais profundamente, elas colocam em xeque os próprios parâmetros de qualquer sistema jurídico — eis um de seus principais sentidos inaugurais, expor a fratura entre o sistema legal de democracia aparente e os ilegalismos sobre os quais tal sistema é constituído (dos bancos às empreiteiras, dos megaeventos às remoções, dos lucros astronômicos à reprodução social da miséria e da fome naturalizadas). Tudo se passa como se a integralidade de um sistema jurídico unitário pudesse ser colocada em xeque por uma ordem jurídica do múltiplo em que os corpos, indisciplinados e anarquistas, inventores de uma multiplicidade nova de forças operativas — uma máquina de guerra contra o Um e o monismo jurídico estatal — afirmassem seus "direitos naturais", que coincidem com aquilo que seus corpos podem.

Sem suspender o ordenamento jurídico vigente, sob o risco constante da identificação, do processo e da condenação pelas mais derrisórias atitudes — como vestir preto, dissimular o rosto, "portar" desinfetante ou vinagre —, tudo se resume em contestar abertamente a repartição entre legalismos e ilegalismos que constitui um ordenamento jurídico. Tudo funciona como uma filosofia do direito dos corpos misturados contra toda a teoria jurídica de Estado. Ainda que efêmera, práxis de pluralismo jurídico, explosão das potências elididas do corpo em direitos absolutos contra o poder que as subjugam.

A tática é a expressão prática do "todos contra o Um": ela revela a insistência de direitos no *fora* do sistema jurídico legal (as potências elididas dos corpos), contesta a sacralização da violência no monopólio coercitivo do Estado, de suas instituições policiais e militares (pela ação direta dos corpos), instaura um potencial de ruptura, a partir da ação, contra um sistema de legalidade que é abolido, ou suspenso, assim que seus arcanos se encontram de algum modo confrontados. Sob todos os sentidos, a tática — armas dos corpos, afetos de uma máquina de guerra — é um contradispositivo (Agamben 2009: 42–51). Sua práxis produz uma reatriculação, ainda que singular, intempestiva e efêmera, entre corpos e poder, ontologia e política. A reinserção do corpo na política é uma espécie de tropicália black bloc: anula o *homo* em proveito do bicho — que nem se confunde com um animal, tampouco deve ser antropomorfizado.

## DOIS EVENTOS PROLIFERANTES

Em certa noite da primeira semana de outubro de 2010, na cidade Porto Alegre, um imenso mascote inflável com a forma de um tatu-bola colorido — "garoto-propaganda" de uma marca de refrigerantes global que patrocinava a Copa do Mundo da FIFA, no Brasil — é atacado por manifestantes contrários à realização do megaevento. Esse teria sido o ato final e ironicamente trágico da manifestação, que foi acompanhada e, finalmente, reprimida pela tropa de Choque da Polícia Militar do Estado do Rio Grande do Sul. Algumas horas mais tarde, um jornal local estampava uma manchete em seu *site*: "Porto Alegre: Fuleco é esfaqueado por manifestantes". Após o incidente — a imolação ritual de um ídolo do capital —, as polícias municipal e estadual reforçaram o esquema de segurança da mascote da Copa do Mundo.

Na madrugada do dia 17 de outubro de 2013, na cidade de São Roque, ativistas de diversas organizações civis pró-liberação animal e black blocs renderam os seguranças e invadiram a sede de uma empresa farmacêutica que utilizava animais para realizar testes de seus produtos. Sua ação libertou mais de duzentos cães da raça beagle, que supostamente estariam sofrendo maus-tratos. Em novembro do mesmo ano, os ativistas retornaram à sede da empresa e libertaram centenas de camundongos que, supostamente utilizados como cobaias, também teriam sofrido maus-tratos.

Fuleco esfaqueado e os beagles resgatados. Dois eventos proliferantes na medida em que revelam cisões antropolíticas inaparentes na cultura política ocidental, ao mesmo tempo em que sugerem um potencial de abertura das ações diretas black bloc na direção precisa de uma ontologia política do corpo que ultrapassa, em ambos os sentidos, a forma ocidental de pensá-la: nem animal, nem humano, o corpo é um bicho.

A cada evento corresponde uma perspectiva. Sob a figura murcha de "Fuleco esfaqueado" — resultado de sua imolação quase-ritual — oculta-se uma verdade meta-histórica da política no Ocidente que, de Aristóteles a Hobbes, jamais deixou de ser repetida. O homem é um animal político, mas também é o lobo do homem. Esse axioma da política ocidental poderia ser resumido em outro, ainda, de que apenas esse pequeno evento é revelador: "O homem é o fuleco do homem". Tanto em Aristóteles, como em Hobbes, opera, sob as duas definições conhecidas, uma antropogênese que produz a cisão entre natureza e cultura a fim de afirmar a superioridade ontológica do homem sobre o inumano (a natureza, o mundo), mas, também a sua diferença irredutível em relação à natureza. Os grupos humanos aparecem, como quisera Phillipe Descola (2005: 353), distribuídos em função de diferenciações culturais que excluem tudo o que existe independentemente deles — a natureza. Os homens possuem uma fisicalidade mais uma interioridade, enquanto os animais, uma fisicalidade menos uma interioridade (Descola 2005: 336).

Tudo se passa como se a operação antropogênica, de fabricação do *homo*, tivesse de se mirar continuamente no fundo da natureza em geral para afirmar-se, finalmente, como um antinaturalismo (Cocco 2009: 171). A humanidade se diferencia saltando de natureza em natureza até afirmar sua diferença transcendente, sua alma ou cultura antinatural. O resto dessa operação de divisão é o mundo sem alma, mente ou interioridade; a alteridade fria cuja verdade transcendental as ciências auscultam.

Há um efeito duplamente irônico em afirmar que "o homem é o fuleco do homem". Em primeiro plano, porque Fuleco é um produto paradoxal da lógica antinatural que as antropogêneses do ocidente supuseram. Fuleco é algo mais que o inorgânico, porque pode ser "esfaqueado"; supõe uma interioridade, ainda que ela se resuma a uma pura forma destacada do vivente. Para que ele possa ser "esfaqueado", pouco importa viver ou não. Basta perder sua forma — e a forma, sabemos isso desde Aristóteles (1993: 91), é um produto tão político quanto cultural, tão humano quanto sustentado pela criação de uma específica diferença da existência humanamente predicada separada de uma existência zoológica. Aquilo que é um ponto de partida para a filosofia política de Giorgio Agamben — a desarticulação entre *zoé* (o mero fato de viver, comum a animais, homens e deuses) e *bíos* (a vida humanamente predicada, ou a existência política) — define, na verdade, a linha de chegada da construção de uma cultura antropogênica que, a olhos ocidentais, uma máquina antropológica parece reproduzir por toda parte (Agamben 2002: 38-43). Por isso, Fuleco é um produto paradoxal da lógica antinatural que supõe ser necessário constituir uma diferença especificamente humana mirando-se no inumano em relação ao qual o destino dos homens ocidentais é separar-se. O naturalismo da espécie humana é, no final das contas, um antinaturalismo.

Fuleco é, pois, uma fabricação política, a existência separada daquilo que torna nossa vida propriamente humana: a insistência de uma forma que a organiza. Quase um homem, Fuleco é uma reprodução ridícula, ou paródica, de uma operação antropolítica pela qual o humano, constituindo-se e distinguindo-se como tal no seio da natureza, vai finalmente isolar sua forma de vida das vidas sem forma. Por definição enciclopédica, os mascotes devem ser animais. Vagamente, Fuleco é um tatu-bola, um mamífero silvestre da fauna brasileira. Todavia, na medida em que ele aparece inflado sob a forma de um avatar da cultura, de um produto humano — tanto quanto um automóvel, extensão da identidade social de seus proprietários , ele deve aparecer como "alguém" passível de ser esfaqueado. O *slogan* da divisão entre Natureza e Cultura, animal e homem, é "o corpo não é nada, a forma é tudo". Estamos muito longe de controvérsias como as que inspiraram os quadros de René Magritte: na medida em que Fuleco é um produto da cultura, a representação do animal e a forma antropomórfica se curto-circuitam.

"O homem é o fuleco do homem" em outro sentido, inteiramente insuspeito. Se a forma de vida, separada do mero fato natural de viver, confunde-se com uma produção antropolítica que origina a forma-homem, os portadores dessa forma passam a ser mais humanos que outros corpos vivos. O anverso da condição formal antropolítica que torna Fuleco esfaqueável é a mesma que define os corpos inumanos — sejam eles corpos de manifestantes integrantes de formações black blocs ou beagles — como bichos de laboratório. No léxico da polícia de costumes que os jornais se tornaram, "Fuleco foi esfaqueado" significa: "Fuleco é mais humano que um manifestante, ou um beagle".

O que o torna uma figura efêmera, mas a um só tempo paradigmática para revelar os efeitos disciplinares e, no limite, necropolíticos das antropogêneses ocidentais, da cisão entre natureza e cultura, é precisamente o fato de que o humano só é capaz de se constituir como tal se for capaz de se pensar como tal. Para que um humano se pense como humano, será preciso reconhecer-se no não-humano, no natural, ao mesmo tempo em que se pensa como ente ontologicamete separado dele. Uma antropogênese não pode sustentar-se senão no limiar em que uma cultura se forja subtraindo a realidade da natureza, em que uma forma humana se constitui eliminando as potências de um corpo ou de uma vida. Eis o sentido antropogênico oculto, e talvez ainda indeciso[2], que

---

2. Giorgio Agamben sugere que leiamos o mitologema hobbesiano sob nova luz: o *homo homini lupus* de Hobbes não remeteria simplesmente à besta fera ou à vida

percorre a fórmula hobbesiana segundo a qual "o homem é o lobo do homem", e que coincide com o estado pré-social de natureza ou de guerra: o homem só se constitui após o Estado; antes disso, é lobo — potência irascível do corpo que precisa ser elidida, anulada e proscrita.

Insistamos que o corpo black bloc — bicho de laboratório para as disciplinas, espécie humana suposta pelo naturalismo antinatural da antropobiopolítica — desestruturou as significações políticas e culturais que o formavam. Não é animal, nem humano. Na medida em que os vandalismos operam como desarticulações (rosto, identidades, controles, corpos disciplinados) e como contradispositivos que reúnem uma vez mais poder e corpo, reinserem os corpos na política, um corpo black bloc não pode ser nem humano nem animal, mas qualquer coisa de diferente e potente que está ao mesmo tempo *entre* as cisões e *fora* de sua semântica antropolítica.

---

natural, mas ao estado de indistinção entre humano e ferino — justamente, o que é banido da ordem jurídico-política mantendo-se, a um só tempo, em relação com ela. Isso o leva a afirmar que "O estado de natureza hobbesiano não é uma condição pré-jurídica totalmente indiferente ao direito da cidade, mas a exceção e o limiar que o constitui [...]; ele não é tanto uma guerra de todos contra todos", mas, sim, "uma condição em que cada um é para o outro vida nua e *homo sacer*" (Agamben 2007: 112). Com efeito, isso leva Agamben a afirmar ser "chegado [...] o momento de reler desde o princípio todo o mito de fundação da cidade moderna, de Hobbes a Rousseau" — compreendendo que o estado de natureza nada mais é que um estado de exceção em que a cidade se apresenta na forma de sua própria dissolução; isso torna necessário compreender que o elemento originário da política não é a vida natural reprodutiva dos gregos, nem uma forma de vida qualificada, mas "a vida do *homo sacer* e do *wargus*, zona de indiferença e trânsito contínuo entre o homem e a fera, a natureza e a cultura"; isto é, uma profunda indiscernibilidade entre *nómos* e *phýsis*. O que recusamos da tese de Agamben é que ela permanece, com efeito, presa nas infinitas formas de articulação e cisão entre natureza e cultura — o que, por caminhos heterogêneos e interessantes, Giuseppe Cocco (2009: 177) já observara. Prosseguindo sua crítica no plano de uma ontologia constituinte, com a intercessão da antropologia ameríndia — renovadora do perspectivismo leibniziano — de Eduardo Viveiros de Castro (2002: 380), Cocco (2009: 184-185) reencontrará o corpo como lugar do agenciamento e da diferença.

Assim como "Fuleco esfaqueado" revela a constituição antropogênica da política ao mesmo tempo em que expõe a cisão entre natureza e cultura que permite articulá-la, a ação direta de resgatar beagles e camundongos — bichos de laboratório — revela, na diferença específica de seu agenciamento concreto, que animal e humano são conceitos mais históricos e culturais do que cisões metafísicas ou ontológicas. Bichos de laboratório liberados voltam a ser bichos, assim como corpos até então disciplinados, no corpo-a-corpo indisciplinar dos movimentos e armas-afetos de uma máquina de guerra, são atravessados por um devir-bicho. Um devir não pode acontecer sem supor um agenciamento concreto entre corpos: vespa e orquídea, carrapato e boi, nômade e cavalo, black bloc e beagle, ou camundongo. O devir é um incorporal que passa pela superfície dos corpos. Tudo passa pela *res extensa* — antihobbes, mas, também, antidescartes. A guerra coincide com a liberação das forças e afetos dos corpos forcluídos. As roupas pretas fabricam multidões de corpos indisciplinados. É sempre a máquina de guerra contra o Estado, o múltiplo contra o Um, o bicho — e o mundo — contra a barbárie civilizada. A tática só é ação desprovida de sentido sob o olhar civilizado, no plano de interpretação que os afetos da ordem forjam nas boas e humanas almas. A tática black bloc é, ao mesmo tempo, práxis de pluralismo jurídico na afirmação dos direitos dos corpos contra o Um, contradispositivo que dessacraliza a violência monopolizada pelo Estado e suas polícias, estratégia que desarticula as cisões entre natureza e cultura, animal e homem, em proveito do corpo. O corpo é um bicho que segue os rastros dos fluxos do desejo de múltiplo contra as divisões e pressente uma comunidade ontológica e política profunda na cosmologia dos corpos misturados: o corpo é um bicho, o bicho é um mundo. Seu *entre* (potência concreta de agenciamento), pelo qual se infiltra um *fora* (potência virtual dinâmica do devir), determina a formação de novos sentidos que a abertura significante da tática multiplica. Em uma palavra, a tática constitui um índice do aberto irredutível ao humano.

# Etologia black bloc

*Não tem arrego*, 2013

## EU DIGO NÃO

### "AMANHÃ VAI SER MAIOR"

O desejo não é uno nem múltiplo, mas multiplicidades que operam por proliferação. E multiplicidades são, a um só tempo, impredicáveis e substantivas. Quando saíram às ruas, o que se ouviu dos que gostariam de organizar as revoltas como sua revolução particular — da direita à esquerda — foi "Eles não sabem o que querem"; depois, "Eles querem tudo" (Cava e Cocco *In*: Cava 2013: 67-68). E "querer tudo" aterroriza mais do que projetos políticos niilistas. Jamais houve conversão de objeto: se é o desejo, e não o interesse calculado, que move as multidões nas ruas, é de sua essência querer tudo ou desejar o impossível. Esse é o momento a um só tempo potente e perigoso do desejo — as multiplicidades são o princípio motor, mas nada garante que aquilo que constitui o ideado pelo desejo se atualize porque ele opera por divergência e multiplicação. Não há, nem pode haver, garantias — mas perigos e prudências, conjurações e criações que ninguém pode saber de antemão aonde vão dar — porque o que o desejo atualiza no campo político é sempre um efeito de criação. Por isso, no intervalo de alguns dias em que o Movimento Passe Livre ganhou as ruas e parecia catalisar desejos políticos heterogêneos, com potencial de atingir escalas cada vez maiores, em que esquerda, direita e partidos lutavam por espaço com diversos movimentos sociais urbanos autônomos, mas também com *skinheads e punks*, uma certa prudência precisava vencer as tiranias que o desejo libertava no espaço público. Tudo se passou como se o inconsciente coletivo, desejante, acumulado de todos os seus fascismos e potenciais de transição, transbordasse de repente.

Nesse momento, não podendo capitalizar os movimentos, as esquerdas ora os qualificavam de fascistas, ora auxiliavam a esvaziar as ruas. As manifestações da metade final de junho (Judensnaider 2013: 151–154 e 173–179) degeneram, ao menos parcialmente, em uma espécie de Marcha da Família com Deus e a Pátria contra a Corrupção. Depois de ter falhado a estratégia da soberania — a porrada e a criminalização — funcionava disciplinarmente a da propaganda; a Imprensa havia conseguido sobrepautar as demandas e emplacar *slogans* bloqueadores da política. O potencial político parece, então, cada vez mais intensamente capturado por imperativos categóricos e sua má-consciência: era preciso rejeitar o Projeto de Emenda Constitucional nº 37, era preciso combater a corrupção a qualquer custo, era preciso comportar-se pacificamente, manifestar-se com ordem e sem violência, ajudar a identificar e prender os vândalos etc. No fim de junho, as multiplicidades dos primeiros dias pareciam inteiramente submetidas pelo despotismo dos corpos bem-comportados e pela tirania moral anticorrupção; a política encontrava-se inteiramente bloqueada pelo tira que cada um tem na cabeça; o corpo era bloqueado pelo rosto que a imaginação anacrônica dos poderes construíam como "os caras-pintadas". Contra o grito efectista de "Não é só por 20 centavos", do aumento do transporte público na cidade de São Paulo — aumento que acontecia em maior ou menor grau em cada grande capital do Brasil — o próprio Movimento Passe Livre, talvez o responsável simbólico por aquilo que o imaginário político já não era mais capaz de suturar no real, teve de ir a público mais de uma vez para afirmar que os protestos tinham por único propósito "os vinte centavos". Intelectuais, como Pablo Ortellado, também o fizeram por mais de uma vez.

É preciso compreender que esses gestos afirmavam um item na agenda política. Em tese, o Movimento Passe Livre só teria tido tanto sucesso em colapsar o sistema político representativo como um todo na medida em que possuía, como ainda hoje possui, um programa preciso nutrido por antecedentes que não escondem o caráter multíplice do tesão político que os sustenta.

Há alguns anos, as ruas das grandes capitais são atravessadas por protestos multiplicadores. Nem o Movimento Passe Livre havia "nascido ontem" (Pomar *In:* Judensnaider 2013: 09; Movimento Passe Livre 2013: 13-14), nem havia sido a primeira experiência gestada no seio da democracia real dos espaços urbanos. Não apenas o Movimento Passe Livre tinha, naquele junho em que seu grito foi ouvido internacionalmente, algo como dez anos, como tampouco é o único movimento social que, com maior ou menor intensidade política, agregava as infinitesimais multiplicidades de que o desejo é feito.

Há pelo menos um decênio, ao lado dos protestos pela redução das tarifas do transporte público, ou pela implantação de políticas de tarifa zero, gerou-se, pouco a pouco, uma miríade de manifestações e protestos mais ou menos efêmeros, mas de amplo espectro. Em comum, eles assumem a gramática da defesa de direitos humanos — talvez a única possível de um ponto de vista intrassistêmico (Douzinas 2007: 32) — que compreendem desde as múltiplas pautas do Levante Popular da Juventude até as marchas contra a presidência do Deputado Marco Feliciano na Comissão de Direitos Humanos da Câmara dos Deputados; dos direitos reprodutivos das mulheres — na defesa de suas liberdades sexual e de gênero —, bandeira das diversas reedições das Marchas das Vadias, até manifestações pela legalização da maconha e pelo fim da guerra contra as drogas, que ficou conhecida como Marcha da Maconha em capitais como Rio de Janeiro e São Paulo, entre outras.

As vitórias que o Movimento Passe Livre constrói ao longo do mês de junho — vitórias e visibilidades que se desdobraram em pautas muito heterogêneas em outras cidades sob diferentes circunstâncias, como a greve dos professores do ensino público no Rio de Janeiro — não foram fecundadas apenas pelo histórico do próprio movimento, mas em sua correlação com os pequenos e incisivos buracos que cada um dos movimentos e marchas dos últimos anos ajudaram a fazer no seio de uma opinião pública cujas margens críticas são intensamente controladas. As ruas, em 2013, foram um efeito de acúmulo; a luta contra o aumento, que o Movimento Passe Livre fez reemergir como uma potência específica de reinstauração do debate público acerca do modo de vida urbano em praticamente todas as capitais brasileiras, foi a fenda que fez convergir e, depois, refluir, os desejos multitudinários em diversos sentidos potenciais.

Se as ruas foram um efeito de acúmulo, mas também de criação, o que as miríades de protestos — mais ou menos eficazes — revelam é que não apenas a gramática da defesa de direitos possui um limite interno no instituído, mas que esse mesmo limite torna urgente distinguir o tedioso conceito de revolução da revolta profunda de todos os corpos. Nada mais de confundir revolução com revolta, conceitos e práxis que jamais coincidem. Embora já esteja nas ruas desde 1999, nos protestos antiglobalização que tiveram lugar em Seattle, o manifesto político do século XXI ainda está por ser escrito, e ele terá a forma de uma fenomenologia da revolta. Uma fenomenologia da revolta como ontologia da liberdade.

Lançar os corpos nas ruas e gritar "3,20 é roubo!", ou "Ilegal deveria ser essa sua cabeça conservadora", constitui o gesto prático e político em profundidade que desloca a cisão legalidades/ilegalidades que funda as formas jurídicas consolidadas. Toda revolta é, em primeiro lugar, a recusa profunda, afetiva e vital da repartição do lícito e do ilícito. Por isso, ela margeia estrategicamente o ilícito, vaga nos limiares indecisos da lei e tenta criar linhas de fuga de suas capturas excepcionais.

O Estado e a polícia não cessam de aconselhar que os manifestantes renunciem à violência como condição do diálogo. O Estado, porém, jamais renuncia a ela — a não ser estrategicamente, quando as tentativas de criminalização falham em sua eficácia simbólica —, embora já se tenha atestado, por mais de uma vez, que a violência policial e estatal gera a reação dos manifestantes (Judensnaider et al. 2013: 65–69; Cava 2013: 144). É impossível não lembrar que um refrão cantado nas ruas dizia: "Que coincidência! Não tem polícia, não tem violência". Esquece-se com frequência, mesmo entre aqueles que defendem com intransigência o instituído, que se o Estado detém o monopólio da violência, seu titular ainda é a massa indecisa, inconsciente e confusa que o Estado tenta territorializar no conceito de Povo e sacralizar nos cultos ao Estado de Direito e em seus legalismos aparentes.

A revolta profunda de todos os corpos é, em primeiro lugar, a recusa em sujeitar-se às formas jurídicas que "recobrem o grande mapa das ilegalidades". A gramática da defesa dos direitos também tem seu limite, e os direitos derivam da forma pura e vazia da lei que se trata de questionar. Se a verdade profunda dos corpos é a de serem profundamente anarquistas — e de não cessarem de sê-lo sob todas as camadas de ideologia —, o que uma tal revolta produz é uma inequação que joga um caso contra a lei (Sutter 2018); a singularidade concreta contra a arrogância do universal abstrato. Rebelião do caso contra as ilegalidades que a forma da lei naturalizou como convenção e hábito disciplinar. Qualquer movimento político se bate precisamente contra esse limiar em que a lei formaliza e cobre o imenso mapa das ilegalidades. Se não se bate, é porque renunciou à política — potência constituinte dos corpos contra o poder constituído da lei e do Estado.

### QUERENDO POLICIAR

Após as sucessivas tentativas de criminalização do Movimento Passe Livre — em que tudo se resume a vandalismo sem sentido —, a noite de 17 de junho assinala uma "difusão da pauta", largamente encampada pelos meios de comunicação de massa (Judensnaider et al. 2013: 153–155). A pauta da luta contra o aumento nas capitais é catapultada rapidamente na direção de temas éticos que bloqueiam, pelo menos parcialmente, o momento político: da luta contra a corrupção à grita contra a aprovação do Projeto de Emenda à Constituição que subtraía os poderes investigativos do Ministério Público. Progressivamente, toda a abertura política fecha-se em pauta ética, que começa a se codificar e aplicar, pouco a pouco, também aos comportamentos dos manifestantes.

Tanto que uma convocação para protestos contra o aumento das passagens em Curitiba, em 17 de junho, no *Facebook*, chegou ao ponto de determinar uma espécie de código de conduta a ser adotado. A convocação, além do horário, trajeto e objetivo específico da passeata regulava, entre outros aspectos, o caráter pacífico da manifestação e conclamava os manifestantes a registrarem atos de depredação patrimonial a fim de que a polícia pudesse identificar os responsáveis. Tornado explícito e incorporado ao cerne do movimento, o código de ética provocava um curto-circuito entre polícia e protesto. O tira na cabeça dos curitibanos havia vencido o revolucionário. Na mesma noite do dia 17, porém, grupos de manifestantes se dispersam do trajeto e investem contra estações-tubo no caminho do centro histórico da cidade em direção ao Centro Cívico, picham as paredes externas do Palácio do Governo estadual e quebram algumas vidraças, sob o protesto de alguns manifestantes que tentam impedi-los e, mais tarde, limpariam as pichações voluntariamente. Curitiba e seu Centro Cívico eram a dupla prova de que certo código de ética havia sido adotado contra os vandalismos; ao mesmo tempo em que os vandalismos emergiam e persistiam, o aparente triunfo do tira na cabeça de certos manifestantes era o sintoma de que uma nova repartição interna de forças surgia. A política era absorvida pela ética e pelos seus códigos.

No início de setembro, na cidade do Rio de Janeiro, os professores da rede municipal de ensino público entram em greve como signo de sua recusa contra a aprovação iminente de um plano de carreiras e salários pela administração de Eduardo Paes. Em um momento em que as cinzas de junho ainda rescendiam, a greve se torna mais que mera paralisação e negação à prestação de um serviço público; à recusa ao trabalho agrega-se uma estratégia coletiva de ocupação da praça que se localiza em frente à sede da Câmara Municipal da cidade do Rio de Janeiro. As ruas levavam para fora das salas de aula os encontros proliferantes entre professores e seus alunos (Cava 2013: 131) que, como resposta do Estado, não obtinham nada além da tirania dos procedimentos legislativos e a pacificação forçada do aparelho repressivo do Estado.

Os sucessivos episódios de violência policial contra as ocupações e manifestações levam as multidões das praias e das cidades, das favelas e prédios de apartamentos, dos batalhadores e jovens universitários a se reencontrarem nas ruas em defesa das bandeiras do magistério estadual, contra o consenso eleitoral com que o pacto Dilma-Cabral-Paes blindava a proposta legislativa que acarretava retrocessos no âmbito dos direitos sociais dos servidores do professorado. Se os atos de vandalismo já estavam por toda a parte, desde junho, é apenas em setembro que eles se apresentam ao grande público das mídias como tática de ação direta das ruas. A multidão de professores, alunos e manifestantes se reencontrava no deserto das ruas, segundo os afetos de um agenciamento concreto completamente diferente daquele de junho — mas sob um perfume sutil de sua atmosfera intempestiva. Ali, nas ruas do Rio, a mesma multidão que meses atrás condenava o método das ações diretas — nem sempre utilizado como tática black bloc; muitas vezes, protagonizado por policiais e infiltrados (os P2), que objetivavam deslegitimar politicamente os protestos — reconheceu, finalmente, nas margens da tática, que *o black bloc era uma ética*.

Sem qualquer bula de valores, prescrições ou códigos morais, os professores do Rio eram apresentados ao black bloc como a uma ética do acontecimento. Quando a repressão policial tinha início com a explosão de bombas de efeito moral, gás lacrimogêneo e uso ostensivo de armas de baixa letalidade, como *spray* de pimenta, armas municiadas com projéteis de borracha e os clássicos cassetetes dos batalhões de Choque, o black bloc formava a linha de frente das manifestações, ou depredava alguma coisa chamando a atenção da polícia, a fim de que os manifestantes menos preparados para os confrontos diretos pudessem fugir para as ruas contíguas. Não por acaso, entre os próprios professores — que se autointitulavam em uma ironia simbólica "Tropa de Profes", contra a Tropa de Choque — surgia o "Black Prof". Não exatamente um destacamento de professores black blocs — embora isso tenha sido possível (Cava 2013: 127-128) —, mas uma maneira de reconhecer e agradecer o apoio tático que o black bloc fornecia aos professores em sua luta por direitos; também, um devir interno ao próprio movimento. O black bloc do Rio e de Niterói reencontrava os princípios radicais de sua genealogia autonomista, da década de 80 (Judensnaider et al. 2013: 37-38), e que pautaram novas modalidades de ação durante a luta antiglobalização em Seattle: ser o bloco tático de autodefesa da multidão contra as ações policiais *anti-riot*.

Se junho havia sido marcado paradoxalmente como reabertura política potencial do espaço público, mas também como recrudescimento a um código de disciplina e conduta mais ou menos adotado em cada uma das cidades rebeldes, as contracondutas black blocs de setembro, reinventando-se como ética, canibalizaram o *ethos* médio. Enquanto as mídias insistiam no projeto de disciplinarização das condutas e espetacularização dos movimentos — afinal, havia funcionado de alguma maneira no recente episódio da luta contra o aumento —, o black bloc era o *happening* que garantia a integridade física dos manifestantes no Rio contra o Choque. A ação direta recolhia e dobrava por dentro a ética do choque. No agenciamento concreto entre polícias e black blocs, o choque entre os corpos se transformava em modelo ético espinosano, gerava afetos insuspeitos.

## EU DIGO NÃO AO NÃO
### HAPPENING

Era outubro de 1967. Caetano Veloso e os Beat Boys subiam ao palco do III Festival da Música Popular Brasileira, da TV Record de São Paulo, para apresentar *Alegria, Alegria*. Desde o primeiro *riff* de guitarra, foram hostilizados com as vaias uníssonas que vinham da plateia universitária politizada. E Caetano, sozinho, caminhou alguns momentos contra o vento — até que a marchinha *pop* furasse o gosto e se tornasse uma das gratas surpresas daquele festival, "apesar" das guitarras. No mesmo festival em que Caetano apresentara *Alegria, Alegria,* Gilberto Gil subiu ao palco com Os Mutantes para interpretar *Domingo no Parque*. Pelo mesmo motivo — os instrumentos demoníacos que Os Mutantes empunhavam —, a plateia vaia a execução da canção do início ao fim. Aparentemente, as guitarras elétricas vandalizavam a forma-canção da Moderna Música Popular Brasileira; nem *Domingo no Parque*, de Gilberto Gil, nem *Alegria, Alegria*, de Caetano Veloso, eram tão conteudistas

*Modelo*, 2013

ou engajadas como *Ponteio*, de Edu Lobo, ou *Roda-Viva*, de Chico Buarque.

Três meses antes, Elis Regina e Jair Rodrigues, que apresentavam *O fino da bossa*, haviam participado de uma Marcha contra a guitarra elétrica que o iê-iê-iê popularizava rapidamente entre os jovens "não-engajados". Marchava-se contra a invasão cultural imperialista, em favor da tradição, para "defender o que é nosso". Mesmo que não se dessem conta, os jovens universitários marchavam de braços dados com o mesmo patriotismo dos coturnos militares que esmagavam suas utopias. Sem estar convencido, Gil participara a convite de Elis Regina — segundo ele, "não sabia dizer não para Elis". Caetano achava tudo "muito estranho"; assistira a marcha passar da janela de um hotel, em companhia de Nara Leão, que definiu a mobilização como "integralista" e "fascista". O mesmo povo que antes havia marchado contra a guitarra elétrica, encontrava nos *riffs* e referências *pop* da marcha alegórica *cool* de Caetano, e nos arranjos cinematográficos einsensteinianos de Gil e Duprat em *Domingo no Parque*, o ponto de partida em que o corpo-a-corpo com as guitarras e o choque de gosto encaminhavam o público no sentido insuspeito de uma radical mudança de sensibilidade (Favaretto 2007: 20-24).

Um ano mais tarde, trocas: enquanto Gilberto Gil apresentava *Questão de ordem* acompanhado pelos Beat Boys, Caetano Veloso apresentava *É proibido proibir* no III Festival Internacional da Canção com Os Mutantes, e sua canção protagonizava um novo choque de gosto. Caetano tem os cabelos compridos e imensos colares de contas sobre o colo; vestido com roupas de plástico coloridas, seu corpo sobe ao palco fazendo uma dança erótica, emulando uma relação sexual. Acompanhado dessa vez pelas guitarras de Os Mutantes, a plateia virou as costas para o palco em reprovação moral enquanto alguns atiravam tomates, ovos, pedaços de madeira contra o grupo. Os Mutantes revidaram tocando de costas para a plateia. E Caetano, emputecido, em meio ao arranjo de *É proibido proibir*, grita o *mote* de sua canção, e acusa a plateia — em sua maioria, formada por estudantes universitários politizados: "Vocês estão querendo policiar a Música Popular Brasileira! Se vocês, em política, forem como são em estética, estamos feitos!", dizia Caetano. Corpo do novo contra o gosto incrustado nos corpos: "Vocês aplaudem hoje uma música que não aplaudiriam um ano atrás". Os carros estavam incendiados. *Happening* ético contra os códigos de ética. "Vocês não estão entendendo nada!".

ETHICA

Assim como a Tropicália reinseria o corpo na música e reinventava a canção por meio de um procedimento irônico — que não era senão uma maneira muito particular de dobrar e desdobrar a cafonice da era do rádio —, a potência específica da ética black bloc encontra-se em recusar, não sem efeitos irônicos, todo código de conduta em proveito de uma ética radicalmente corporal.

Nem humanos, nem animais, mas informes, os corpos black blocs formam com as ruas um agenciamento concreto que faz passar a política como um devir que atravessa tanto corpos quanto espaços urbanos. Os corpos se multiplicam e se encontram nas ruas. As ruas definem o *ethos* dos fluxos, ou lugar em que se vive, logo convertido no ponto de junção em que a afirmação do direito à cidade (Harvey 2013: 28) coincide com as singularidades de seu potencial constituinte.

A cidade compõe um *ethos* duplamente estratégico: campo físico do encontro[1] e lugar da produção e reprodução das forças

---

1. "A cidade é usada como arma para sua própria retomada: sabendo que o bloqueio de um mero cruzamento compromete toda a circulação, a população lança contra si mesma o sistema caótico de transporte das metrópoles [...]" (Movimento Passe Livre São Paulo *In:* Maricato et al. 2013: 16).

que o definem[2]. *Ethos* que promove o encontro e o contágio entre corpos anarquistas, e entre estes e os corpos policiais — o que não deixa de definir, em sentido espinosano, o agenciamento concreto que uma ética supõe. Se a ética é corporal, uma física dos corpos, de suas forças e de seus arranjos de forças, ela assume a forma de uma *ética do choque*. Um choque se produz a cada encontro microfísico entre múltiplos corpos e as multiplicidades que se compõem com seus afetos e desejos. O mesmo modelo físico de uma ética de corpos capaz de descrever o choque entre Tropicália e forma-canção, entre gosto inscrito nos corpos e nova formação de sensibilidade, ou entre seus instrumentos técnicos (guitarra elétrica e violão), descreve os encontros entre corpos vândalo e policial, manifestante e choque, repressão e ação direta, ou entre violência juridicamente estruturada e tática horizontal de autodefesa das multidões contra o Um. Em uma ética, tudo o que importa se passa no *entre* — *entre* corpos vândalos e rostos policialescos; *entre* o choque da ética e uma ética corporal do choque; *entre* o desejo de múltiplo e as capturas do Um. Sai de cena o modelo ético dos valores em proveito de um modelo físico de encontros dos corpos, aumentos e diminuições de potências, sujeição das paixões que afetam um corpo ou multiplicação e sedição de suas forças. Contra a ética das bulas de princípios e códigos de condutas, as contracondutas black blocs fundam o vandalismo como um dos instrumentos afirmativos a serviço de uma recusa radical: contra o capital, contra o Estado que o suporta, contra a propriedade — em

---

2. "As cidades são o principal local onde se dá a reprodução da força de trabalho" (Maricato 2013: 19). Embora a força de trabalho seja uma das forças de um corpo, não parece suficiente para defini-lo. Sob esse aspecto, cf. a diferença que Deleuze e Guattari (2007: 72–84) estabelecem entre arma e ferramenta. Aproveitando a definição de Ermínia Maricato, talvez fosse o caso de afirmar que "As cidades são o principal local em que se processam as produções das forças e sua conversão em afetos; isto é, armas".

uma palavra: contra a sociedade dividida, a sociedade policiada, contra o Um (Clastres 2011). Se, fora das disciplinas, e para além de qualquer cisão antropológica, o corpo é um bicho, a dissolução do rosto, a rasura das identidades, a defesa contra o controle, o anarquismo dos corpos e as ações diretas contra o Um e seus representantes formam mais que uma ética; formam uma etologia black bloc que coincide com suas contracondutas campais.

Classicamente, a etologia é definida como o estudo do comportamento animal. Em certo sentido, superficial e culturalmente muito determinado, ela ainda faria reverberar uma cisão antrópica. Porém, abandonemos as concepções culturais em proveito da coincidência sem resíduos entre política e ontologia que definia toda política como uma *beaglepolitik*. Se todo corpo é um bicho — de laboratório (operação do poder) — ou simplesmente bicho (teoria dos corpos anarquistas), devemos atentar mais à pregnância etimológica de "etologia" que a seu significado culturalmente decantado. No sentido em que o propomos, uma etologia black bloc se definira em pelo menos três sentidos:

1. A contraconduta que exprime uma vida contra a forma que ela adquire no *ethos*. A conduta que rasura os códigos morais é a expressão de uma potência corporal profunda que age contra os modos de vida naturalizados, e que elege por campo de emergência precisamente no lugar em que se vive (um dos sentidos etimológicos de *ethos*), a cidade, em que toda cisão entre o público (*pólis*) e o privado (*oikos*), como entre vida política (*bios*) e vida orgânica (*zoé*), perdem o sentido em proveito do corpo e suas potências — móbeis ontológico-políticos dessas expressões;

2. Um corpo que contesta sua forma contém mais do que a mera oposição entre um corpo humano ou animal poderia

exprimir. "Humano" ou "animal" são predicados culturais ocidentais que definem campos específicos de forças: o homem é definido em função da potência de sentir, imaginar, calcular, trabalhar, falar, morrer etc.; tudo está dado e fechado. Trata-se, antes, de um corpo-bicho — sede de multiplicação das forças — contra a antropogênese. Nesse sentido, inteiramente novo, toda ética — relação e inter-relação dos corpos — é uma etologia;

3. Em um mundo humano, ser integralmente seu corpo — um bicho — é mais que uma contestação, uma contraconduta. Esse corpo genealógico e ao mesmo tempo novo, feito de pele e pelos eletrizados, carne e músculos livres, se forja no encontro intensivo com a impotência de forças sempre já constituídas. Nos termos de sua etologia, um black bloc define-se de acordo com uma ética profundamente espinosana na medida em que um bloco de corpos encontra sem cessar outros blocos de corpos — humanos, policiais, morais, revoltosos, não-violentos ou irascíveis. Esses encontros produzem efeitos de criação que tanto podem ser destrutivos quanto criativos. Puro tesão político, de um encontro pode nascer tanto repressão e sujeição quanto um beijo impossível.

## TEORIA DA AÇÃO DIRETA

Em 1970, Hannah Arendt publicava um texto destinado a analisar a questão da violência no âmbito da política. *On violence* propunha uma distinção conceitual radical entre violência (*Gewalt*) e poder (*Macht*), e apontava um arsenal crítico contra o elogio sartreano, feito à época das barricadas estudantis, à "violência incontrolável do homem recriando-se a si mesmo" (Arendt, 2011, p. 27–28).

Arendt reconhecia a força disruptiva da violência como instrumento político, mas não sem se acautelar contra os efeitos destrutivos da "fúria louca" que, em Fanon, transformava em homens os "desgraçados da terra", ou sem demonstrar que isso pressupunha considerar a história como um processo contínuo de automatismos das ações humanas que apenas um evento violento poderia interromper (Idem, p. 47 e p. 22).

No mesmo ensaio, Arendt definia a violência como "o agir sem argumentar, sem o discurso ou sem contar com as consequências", mas, estranhamente, parecia encontrá-la mais ao lado dos jovens estudantes franceses de 68, ou do movimento *Black Power*, do que do lado do Estado repressor ou das instituições sociais racistas. Na raiz de sua repulsa está o fato de que, diferentemente dos advogados de uma criatividade vital que a violência encerraria, a ação violenta seria essencialmente destrutiva, incapaz de criar novas condições de ação, pensamento e discurso em comum. A violência pode mudar o mundo, liquidar o velho, mas é destituída da capacidade de fazer nascer o novo. Encontraríamos o novo mais do lado da faculdade de agir em conjunto e do poder, do que do lado da essência negativa da violência.

De 2013 para cá, a sensibilidade social continua a ser seletivamente arendtiana: "A primeira coisa que [o black bloc] causa em mim é um sentimento de violência. Eles estão mudos e são fortes. É exatamente como Arendt caracteriza a violência: ela ocorre na ausência da palavra, ela é muda", afirmava Yara Frateschi (2013, p. 182–183), que, apesar dessa declaração, tampouco queria, em pleno 2013, "antecipar o que são os Black Blocks". Essa "sensibilidade arendtiana" parece ter percorrido o campo social e definido uma chave policial de interpretação dos levantes de 2013/2014 marcada por uma identificação simples entre a tática black bloc e uma concepção laxista de violência. Sua estranha característica: jamais se perguntar sobre os Eichmanns dos batalhões de choque, sobre o mutismo com que os chefes dos poderes executivos da União e dos Estados autorizavam as ações policiais violentas, ou sobre as responsabilidades coletivas acerca da crescente burocratização da vida; isto é, "a forma de governo na qual todas as pessoas estão privadas da liberdade política, do poder de agir" (Arendt, 2011, p. 101).

Alguns anos antes, em *Eichmann em Jerusalém*, Arendt gerava a *banalidade do mal* como conceito-chave que permitia explicar a pane moral que os fascismos europeus deflagraram ao transformar o horror em hábito; caçar judeus era uma operação policial de rotina (Sutter, 2017, p. 90) e Adolf Eichmann, finalmente, não era nada além de um policial comum. Ele jamais foi o monstro moral e inumano que se esperava encontrar sentado no banco dos réus, mas uma figura tão burocrática quanto ordinária do *law enforcement* do Estado alemão.

Se formos fiéis a Arendt, e não à "sensibilidade arendtiana" que ainda circula, reconheceremos que os levantes de 2013/2014 constituíram eventos, "ocorrências que interrompem processos e procedimentos de rotina" (Arendt, 2011, p. 22) em que os homens reuniram-se com seus pares, agiram em concerto, aventuraram-se em algo novo. Isso porque o poder encontrava-se do lado dos governados; os governantes, por sua vez, não cessaram de responder à reunificação do corpo social ao poder específico que o define com violência institucionalizada. Por isso, é preciso desassociar os termos black bloc e violência. Como a integral do corpo social, a tática está mais próxima de uma operação de retomada do poder dos governados, do que da ação violenta. O black bloc, como segmento tático das lutas de Junho e além, jamais foi a violência manifesta e incorporada, ou o duplo simétrico da violência policial do Estado, como mesmo as análises mais benévolas gostariam de fazer acreditar. Não foi nem um desastrado fenômeno espetacular débordiano, nem a emergência aterradora de aparências transitórias na luz ordinariamente tão exclusiva do espaço público. Ao contrário, o black bloc foi, e continua a ser ainda hoje, a prova atlética, eticamente autolimitada, e povoada de perigos, das condições mais profundas da política: não "aparecer", como quisera Arendt (2011, p. 87), mas *presentar* em toda a sua radicalidade *um ato simples em que ação e discurso se curto-circuitam*. Eis o significado profundamente político de qualquer ação direta: apresentar ação e discurso no *corpus* de um ato simples, em que a ação mesma constitui um ato de tomada do direito à palavra recusada pelas democracias representativas, e em que a palavra se encontra inteiramente expressa na ação disruptiva que a reivindica.

O fato de que certa conformação da sensibilidade social possa considerá-lo um resto mudo da antipolítica, ou uma manifestação violenta e niilista, se deve aos efeitos policiais da burocracia que governa as sensibilidades coletivas. As rotinas e a ordem policial dos lugares constituem-se separando a ordem das palavras e a ordem das ações; reservando a alguns — os representantes e os especialistas — o lugar exclusivo do discurso, às custas do silenciamento compulsório dos muitos, e a outros, o papel executivo e efetivamente violento de atuar os implementos que transfiguram os discursos em palavras de ordem. Por isso, o black bloc é parte essencial do evento que consiste na ação concertada do corpo social de retomar o poder à violência ordinária das burocracias que, hoje, já não podem mais ser definidas como "o domínio de Ninguém", uma "tirania sem tirano" (Arendt, 2011, p. 103), mas como o consórcio espúrio entre as instituições do Estado e o ecumenismo de mercado que sequestram, segundo uma ordem policial que o define, as capacidades de pensar, dizer e agir em comum. As ações diretas rompem o tecido sensível das repartições entre as potências de ver, dizer e fazer que definem uma dada formação social, e podem apelar a um começo.

Às sensibilidades conformadas por uma ordem policial, o exercício dessa capacidade coletiva por tanto tempo forcluída — e que não cessa de retornar — só pode ter a aparência de um niilismo violento praticado contra todos os axiomas, inclusive os que delimitam a divisão entre o *político* e o *antipolítico,* estabelecida em função de uma sensibilidade policial. Eis o sintoma de que estamos no coração dos "afetos da ordem" e manipulamos em comum as condições para constituir outras partilhas do sensível ("outra ordem dos afetos").

É isto, o político: estarmos às voltas com a capacidade comum para o evento, para interromper uma dada ordem sensível e os procedimentos de rotina pelos quais ela se conserva. O político é a emergência do *démos* no seio da burocracia e da ordem policial: é a abertura para novas condições do viver junto que começam pelo desafio essencial ao qual toda ação direta tenazmente se dedica: dar um fim à polícia para que a política volte a entrar, mesmo que precariamente, ainda uma vez na constelação dos possíveis.

## LIXO LÓGICO

Depois de estudar o samba, o pagode, a bossa nova e o funk, nos últimos meses de 2012, Tom Zé lançava "Tropicália, Lixo Lógico". Um disco que, da repetição dos procedimentos, mais que dos gestos fundacionais do tropicalismo — como uma espécie de tropicofagia imanente, mas não autofágica —, oferecia-lhe uma espécie de amplo novo corpo no qual sua pequena e irredutível diferença poderia proliferar. A paródia de *Enquanto seu lobo não vem*, de Caetano, é exemplar. Tudo se passa como em um conto de fadas. Nele, a pureza da Música Popular Brasileira do final dos anos sessenta passeia na floresta "Enquanto seu lobo não vem". Porém, seu lobo — a Tropicália — logo entra na festa. Como um corpo-bicho, tentador e de "pelos fortes", mas que, de fato, "não comeu ninguém", a festa promove o encontro entre uma tropicália lupínica e a pureza da forma-canção (lupicínica?). A pureza e o lobo da pureza se tornam, em um outro segmento da canção de Tom Zé, as encarnações risíveis do embate superficial entre duas estruturas de pensar: uma, ocidental, conhecida desde os primeiros dias de escola, equacional e aristotélica; outra, moçárabe, própria dos analfatóteles, inequacional e diferencial. Tudo se passa como se o apreendido (aristotélico ou ocidental) e o desejo natural, curioso e insistente (analfatotélico ou moçárabe), fossem forçados a uma correspondência que não se podia recusar. Ao resolver "também com nossas armas a questão", ao propor "uma moçárabe possível solução", o resultado quase igual gerava sempre uma pequena diferença, um extra-ser, algo como um lixo lógico que, jogado por tão longo tempo — a duração de toda uma infância, que corresponde tanto à ausência de *logos* quanto ao silêncio que marca o inconsciente — "no poço do hipotálo", só podia acumular-se a ponto de invadir "o córtex do arteiro".

Ao contrário do que supôs toda a teoria marxista do conflito social, uma revolução não se faz apenas com ideias claras e distintas, nem com teleologias da história. Não recusamos suas equações, mas é preciso resolver também com nossas armas a questão. Uma revolução se produz sempre como efeito de acúmulo e efeito de criação; o lixo lógico é sua matéria primeira e a revolta profunda de todos os corpos, sua condição.

Em 1932, quando Bergson (2001: 1213) se depara com a afirmação de Émile Faguet, segundo a qual a Revolução Francesa foi feita, não em nome da liberdade e da igualdade, mas "porque se morria de fome", a pergunta que jamais cessou de ecoar desde então foi: "E por que, a partir de um certo momento, não mais desejamos morrer de fome?". Como quase tudo, em Bergson, a resposta se encontrava nos termos do enunciado: "não mais *desejamos* morrer de fome". Algo se passou da ordem de um devir das formas de vida — de maneira semelhante como algo se altera no gosto estético. Na medida em que as intenções com que uma ideia é lançada continuam a imantá-la por um longo tempo, é preciso lembrar que, mesmo para Bergson, toda fórmula democrática origina-se da revolta, exprime um desejo revolucionário, formula o que deve ser a fim de liquidar o que é — e, nesse sentido, implica um trabalho prático a um só tempo negativo e positivo. Como não enxergá-lo na expressividade — estética, mas também ética e política — das ações diretas, tática black bloc contra formas de viver e modos de sensibilidade que, de repente, se tornaram intoleráveis?

Ao compreender a Tropicália, ao mesmo tempo, como efeito de criação e efeito de acúmulo (lixo lógico), a intuição estética de Tom Zé permitiria reunir Bergson e Lapoujade sob uma simples epígrafe: o corpo revolucionário é um corpo que não aguenta mais, porque "não aguentar mais" é uma forma de tocar a própria definição de corpo (Lapoujade 2002: 83), assim como o que ainda não sentimos é a matéria de toda sensação. Em um corpo, a potência se encontra liberada do ato: anti-Aristóteles, moçárabe concepção da potência, diferença diminuta que é mais uma gota "na história milionária de todos os erros". Uma revolução começa por uma potência emancipada do ato em um corpo que não aguenta mais o que se impõe do exterior (organização), como as dobras de sua própria alma (subjetivação), e a revolta profunda de todos os corpos converte seu cansaço secular no limiar positivo da recusa: "é desde sempre e para sempre que não aguentamos mais, se é desde sempre e para sempre que resistimos, então esta resistência é um profundo fortalecimento, a constante de um limite ou de um 'último nível'." (Lapoujade 2002: 85).

Um corpo é, já, uma ética: erupção contínua do encontro com outros corpos: luz, oxigênio, comida, sons e palavras. Tudo o corta. Tudo faz borda. E, no entanto, é esse corpo que não aguenta mais que não cessa de responder a Bergson: "primeiro, é preciso suportar o insuportável", efeito de acúmulo, ou memória dolorífera ("eu digo sim") liminar no seio da qual todo o ser passa a agir, em que a recusa ("eu digo não") se converte em positividade ("eu digo não ao não") explosiva: *é proibido proibir*. Ponto em que o desejo de multiplicar o múltiplo de uma etologia black bloc se torna a apologia de sua *ethica*.

# Devir black bloc

Como acontecimento, Junho de 2013 teve duas metades, mas boa parte dos analistas dedicou-se mais a uma delas do que à outra. Pensar Junho como acontecimento é pensá-lo de acordo com forças que se produzem por divergência ou bifurcação: de um lado, há os determinismos sociais, as séries causais, os fatores atuais que conduzem a Junho e à sua atmosfera de indignação; de outro, há a abertura de campos de possíveis outrora insondáveis, há o mergulho social na sua instabilidade constituinte (Deleuze 2003: 215–216) e a transformação de um corpo social estável em um campo social aberto a transições. Um acontecimento conjuga, portanto, duas metades: as formas em que se atualiza e as forças que alteram as formas sem se esgotarem nelas.

Junho foi um acontecimento encarnado, um grito coletivo e múltiplo que denunciava o intolerável cotidiano, mas foi também o fenômeno de vidência coletiva e a alteração da partilha do sensível que até então soldava o desejo coletivo à sua sujeição. Eis a dimensão afetiva e social que as análises tradicionais mal alcançam, pois captam um fenômeno mais como ato que como potência; porque se prendem às cadeias de causalidade histórico-sociais, quando "o próprio acontecimento está em [...] ruptura com as causalidades [...]" (Deleuze 2003: 215). O que se dissimula sob o truísmo confortável dos intérpretes que se debatem entre definir Junho como um evento inédito ou ligado a uma cadeia de causas sociais e políticas é o fato de que não cessamos de fechar os olhos para o acontecimento puro, para as lógicas em profundidade que movem as insurgências sociais e para o elemento de ruptura de que elas são portadoras. As categorias maiores, e as formas régias do pensamento, não cessam de impor que façamos vistas grossas.

Não é raro que Junho apareça definido a partir de traços negativos. Junho teria sido, então, o ciclo de protestos do sem: sem partidos, sem líderes, sem representação, sem previsão de uma institucionalidade futura, sem unidade, sem causas aparentes; em uma palavra, um bizarro fenômeno social, ou cultural, mas não político, porque vocalizava demandas que buscavam extorquir resultados da esfera política formal, sem dialogar com ela na sua linguagem particular. Outras vezes — e aqui se vai mais longe —, Junho aparece como um acontecimento que resulta de uma cadeia de causalidades político-sociais razoavelmente definidas: a ascensão social de uma classe média baixa subproletária e precarizada, mas incluída pela via de uma cidadania consumidora, a revolta de segmentos médios contra os escândalos de corrupção nacionais, demandas auto-organizadas pela diminuição da tarifa dos transportes públicos que aparecem como estopins de demandas mais profundas, como o direito à cidade, e. g. Traços negativos e causalidades conceituais que produzem, por vias divergentes, o mesmo resultado: presos às expressões atualizadas de Junho, deixam escapar a metade virtual do acontecimento; analisando-o como ato, deixam de analisá-lo como potência.

Essas análises não devem ser descartadas. No registro atual do fenômeno, as análises negativas são até certo ponto úteis para questionar o que deixamos de ser, embora percam de vista os traços positivos. As análises causais permitem entrever um corpo social aparentemente homogêneo e estável no ponto em que é atravessado por fissuras que estariam na origem de transformações macropolíticas. Embora úteis, ambos os modelos de análise terminam por perder de vista o essencial: questionar em que consiste o aspecto transformador e revolucionário dessas rupturas que atravessam um corpo social até então estável? Que devires fissuram uma formação social a ponto de romper o seu equilíbrio precário? Mas, principalmente, o que esses devires exigem de nós? Que outros modos de vida, de relações em comum, que outros povos e mundos por vir esses devires enunciam em sua maquinação coletiva? Em Junho de 2013, fugimos — socialmente, politicamente —, mas para onde? Eis a pergunta que mais nos fizemos, e que menos pudemos responder, esmagados pela surpresa, pelo erro, pela incompreensão ou pela má consciência analítica.

Todos os erros e insuficiências que se produziram em relação a Junho também se produziram em relação ao black bloc, o que o converte em um analisador geral de Junho em potência. No entanto, é preciso entender em que termos. Assim como os acontecimento podem ser analisados sob o ponto de vista do ato ou da potência, o mesmo se passa com os "grupos sociais". No entanto, analisar os grupos sociais em virtude de sua identidade de grupo, de suas ações e práticas, de sua cultura social e política, seria ainda permanecer refém dos limites etnográficos. Assim como é preciso compreender Junho mais como potência do que como ato, mais como devir do que como resultado de uma cadeia de causalidades, é preciso compreender o black bloc mais como algo que se instala em uma linha de fuga de um campo social do que como grupo.

Talvez esse exercício sirva para completar as análises etnográficas com sua desejosa porção política e metafísica — uma vez que o black bloc, na nossa tradição recente, é o que não merece ser matéria do pensamento, entregue à opinião e ao juízo. Trata-se menos de analisar um grupo social — tarefa da etnografia — do que de analisar os sentidos que o "social" recebe em um grupo; isto é, cartografar as linhas de fuga impessoais, definidoras de um campo social, que o black bloc faz passar. Eis o que quer dizer fazer do black bloc um analisador de Junho: compreendê-lo como uma singularidade em conexão com as forças do campo social; estimar seus potenciais para desterritorializar e reterritorializar o social, perguntando sobre o seu modo relacional: "qual o recado de Junho de que o black bloc poderia ser a expressão?"

Já não se trata de fazer falar as pessoas ou as classes por detrás das máscaras. Trata-se desenvolver a máscara como um ponto de vista interno ao campo social, e fazer falar este ponto de vista como máquina de enunciação coletiva; descrever seus traços positivos; estimar as novas relações sociais e políticas que ele performa ou pré-forma; tentar estar à altura da matéria social em movimento que o black bloc exprime. Tentar definir "que política se produz a partir da recusa, do não, do negativo?". "Que fugas o black bloc prepara para o social e o político?". Gostaria de desenvolver três hipóteses para essas questões a partir da descrição de três devires comuns ao campo social, a Junho de 2013 e ao black bloc: os devires -ninguém, -qualquer um e -todo mundo.

## DEVIR-NINGUÉM

Quem somos nós nas metrópoles do capitalismo cognitivo, nas usinas sociais do trabalho precário e nas sociedades de controle? *Quem* é uma questão anacrônica. Quando nossa vida passa a ser administrada em escala planetária como multiplicidades abertas quaisquer (Deleuze 2014: 366), deixamos de ser o que fomos para as formações soberanas e disciplinares — sujeitos ou corpos físicos —, e nos tornarmos dados, massas, amostras, informações, bancos, imagens (Deleuze 2008: 222). Isto é, tornamo-nos *ninguém*, pois os dispositivos que hoje nos asseguram alguma identidade, o fazem de maneira difusa e fragmentária (Agamben 2014: 85), segundo os limites imanentes que o capital opera por expansão e deslocamento no campo social (Deleuze e Guattari 2007: 127). Os processos de subjetivação e os modos da identidade passam a se constituir de forma integrada ao capitalismo global, tornando os processos de subjetivação e de relação social um campo singular de lutas políticas. Indivíduos infinitamente divisíveis, dividuais, focos emissores de signos, de comunicação e constelações de afetos conectados em redes planetárias e geradores de valor. O interior das vidas integra hoje o terreno das operações do capital e do antagonismo político.

Nesse panorama desolador em que um sistema de dominação passa ao interior de nós mesmos e se apresenta sob a sedutora forma do "empreenda-te a ti mesmo" (Dardot e Laval 2016: 396), não faltou quem tenha declarado — em paralelo com o esmorecimento do ciclo de revoltas globais — a morte de toda possibilidade de revolução e de resistência interna ao capitalismo (Han 2014). É curioso que hegelianos e heideggerianos costumem encarregar-se de bom grado dos obituários políticos do nosso século; sinal de que, por mais que sejam bons diagnosticadores, têm muito pouco a dizer sobre o devir-revolucionário das pessoas.

Entretanto, algumas linhas de ruptura foram expostas no interior dos processos de subjetivação capitalísticos. Decretar a impossibilidade das revoluções em um sistema de poder que se estabiliza pela suave sedução das promessas de prosperidade pessoal em contraste com a dura normalização das disciplinas deveria fazer-nos ler em sentido politicamente forte a prescrição de Deleuze (2008: 220): "Não se deve perguntar qual é o regime mais duro, ou o mais tolerável, pois é em cada um deles que se enfrentam as liberações e as sujeições". Não há como estimar as sujeições e as fugas senão na imanência de uma formação social e de seu sistema de dominações. Se as revoluções já não parecem possíveis, talvez isso se deva menos à representação abstrata da morte do seu futuro do que ao fato de que os novos movimentos sociais produzem uma outra lógica política: a lógica dos levantes e das revoltas, que têm mesmo muito pouco a ver com as clássicas organizações revolucionárias.

Os levantes e as revoltas não obedecem à dialética das revoluções, mas à lógica horizontal e transversal das insurgências. No nível da subjetivação, sua ação política consiste em realizar o que às revoluções parece ser impossível: converter aspectos das subjetividades controladas em processos insurgentes de subjetivação política (Hardt e Negri 2014: 49). Isso só pode ocorrer no seio do corpo social no qual nos encontramos inscritos, como uma experimentação social e política capaz de responder a demandas mais universais, ligadas ao domínio planetário do capital.

Talvez o traço que mais distinga o black bloc sejam suas características visuais: as máscaras e as roupas pretas. Características que dizem respeito à tática de intervenção nas ruas, que remetem ao simbolismo das bandeiras negras, e possuem razões muito pragmáticas — como poder realizar uma ação direta e fugir para o interior do bloco negro, permanecendo invisível (Dupuis-Deri 2014). Aí está em jogo um uso político do *devir-ninguém* que atravessa as sociedades de controle: contra os poderes e as subjetividades constituídas, é possível devir um ninguém que eles não querem que sejamos e apontá-lo precisamente contra os ninguéns em que eles nos transformaram.

Dissimular o rosto com máscaras ou tecidos, homogeneizar os corpos em vestes negras, reconverte o anonimato da vida nas grandes metrópoles e dos circuitos capitalistas do entretenimento e do espetáculo, que reservam a notoriedade como prêmio pela útil sujeição de alguns poucos. Não é à toa que o black bloc reivindica um "anonimato notório", de maneira coletiva e agindo no coração das metrópoles e das instituições do capital financeiro.

O que torna as sociedades de controle eficazmente difusas e modulares é a sua capacidade de exercer controle em praticamente qualquer espaço e em qualquer nível, macro ou micrológico. Seus dispositivos sociotécnicos vigiam desde as massas anônimas e anárquicas até as rugas de um rosto na multidão. Isso faz do rosto mais do que um signo de fixação da identidade pessoal — ele se converte em uma máscara biopolítica. É nesse sentido que o ponto de vista da máscara black bloc sobre o rosto constitui uma forma de vandalismo primeiro.

Desfazer-se do rosto, sobrepor-lhe uma máscara para desbloquear a ação direta, é converter a cifra anônima dos controles em fator de insurgência ingovernável. É recusar ativamente os signos da identidade fragmentária das rostificações em benefício de uma política em que os ninguéns podem formar multidões informes e confusas. A verdade profunda das multidões baseia-se na recusa ativa do rosto em proveito das singularidades irredutíveis de um corpo social criativo, múltiplo, nômade, anônimo, potente, inclassificável e incoercível. O rosto é uma política e desfazê-lo é nosso destino, porque no seio de uma cultura identitária, a política se define como uma guerra de guerrilhas entre corpos indisciplinados e rostos despóticos.

Trata-se de uma política contra o rosto, mas apenas na medida em que ela o faz entrar em relação com outras forças biopolíticas insondáveis. Devir-ninguém, do rosto ao corpo, é a condição para um devir radicalmente democrático nas sociedades de controle, e seu ponto de partida e de conversão são as subjetividades controladas. É significativo que dissimular o rosto tenha se convertido em uma condição prática para fazer política nas democracias pós-espetaculares; é ainda mais significativo que as máscaras torçam o anonimato cotidiano das vidas contra os seus controles segundo as vias divergentes de um devir-ninguém absolutamente outro.

## DEVIR-QUALQUER UM

No entanto, devir-ninguém é uma condição ainda negativa. Consiste em apagar o rosto como dispositivo por meio do qual as disciplinas e os controles biopolíticos governam e administram a vida em comum e o seu valor. O corpo tampouco salva. O rosto é o elemento formal a que o corpo aliena a sua potência, e a máquina de rostificar é estatal. Há corpos inteiramente rostificados (Deleuze e Guattari 2008: 35); isto é, impotentes. Se o rosto é uma política e as máscaras são um ponto de vista contra o rosto que libera a ação e torna os corpos ingovernáveis, é preciso, de um lado, definir o estatuto dessas subjetividades emergentes e, de outro, reencontrar os corpos sob os rostos desfeitos. Eis o ponto em que ultrapassamos a negatividade: a antipolítica da rostidade, efetuada por um devir-ninguém, cede lugar a uma práxis dos corpos anarquistas: um devir-qualquer um.

Sob as máscaras e as identidades dissolvidas, um adepto da tática dizia "agora somos bloco. [...] deixo de ser eu e me junto a eles" (Solano et al. 2014: 87). O que isto quer dizer? Que as identidades fragmentárias e dispersivas produzidas pelo capitalismo ecumênico, liberadas do controle e de seus sistemas de pertença de maneira acontecimental e efêmera, já não podem ser dados, massas, índices, pontos abstratos em uma curva de normalidade biopolítica, ou elementos dividuais passíveis de controle. Tornam-se singularidades flutuantes, abertas a individuações e agenciamentos coletivos livres; convertem-se em corpos insubmissos outra vez capazes da ação política porque relativamente insujeitos aos controles. Eles se definem mais pela variação contínua de uma potência de agir e de dissimular-se no bloco, e pela potência de variar a ação taticamente em função de necessidades estratégias das situações (Dupuis-Déri 2014: 63) que por identificações individuais ou coletivas.

Então, o que para os controles eram fragmentos dispersos de identidades, agora funciona como uma composição variável de corpos definidos pelo seu poder de afetar e de serem afetados. O agenciamento de corpos relativamente livres dos controles, reunidos à sua potência específica, produz um bloco; um bloco é uma composição em variação contínua no qual se produz um devir-qualquer um. Eis o que significa "deixar de ser eu", "juntar-se a eles" (essa terceira pessoa do plural que permanece impessoal) ou "ser bloco". É constituir uma singularidade que compõe com outras singularidades segundo a sua capacidade de afetar e ser afetada, de acordo com seus graus de potência (liberdade) ou de impotência (servidão) (Espinosa 2009).

A composição das potências e impotências entre esses corpos insubmissos pode fazer-nos tocar noções de democracia de pensadores tão distantes quanto Platão. O ideal platônico de governo sempre foi assombrado pelo advento da democracia que, no livro VIII da República, aparece como a antítese de qualquer forma de governo político e como a reversão de todas a relações bem ordenadas que estruturam as sociedades humanas (Rancière 2014: 50–51).

"Por meio da revolta, e sem qualquer motivo aparente", as democracias fazem desaparecer as divisões que permitiam hierarquizar governantes e governados, homens e mulheres, pais e filhos, cidadãos e estrangeiros, professores e alunos, velhos e jovens, animais e homens (Platão 2011: 1729–1730 [562d–563d]). A democracia é a forma de governo múltipla e anárquica em que o desejo, o prazer e os afetos das multidões governam, liberados da domesticação da "boa ordem viril" que a educação pela música e pela ginástica teria imposto às almas e à pólis (livros III e X). Quando os pobres vencem os oligarcas e partilham igualmente o governo e as magistraturas, geralmente por sorteio, a plebe governa por decretos assembleares. Trata-se de um Estado em que não há necessidade alguma de mandar e de obedecer, em que se reparte uma igualdade radical.

Nas ruas, quando se passa das singularidades anônimas à sua composição em bloco, do devir-ninguém ao devir-qualquer um, corpos quaisquer são reunidos à potência outrora alienada à forma do Estado. Essa é uma operação que produz, a um só tempo, a restauração da multiplicidade dos corpos no comum e a restauração do comum na multiplicidade dos corpos. Eis aí o efeito profundamente político de devir-qualquer um: a democracia, compreendida como governo múltiplo das singularidades quaisquer, que repudiava os governos eleitos em proveito dos sorteados, permanece aberta ao governo de qualquer um, independentemente da posse de títulos ou propriedades.

O que os analistas chamaram de "falência da representação política" como principal sintoma de Junho recupera, então, todo o seu sentido positivo. A marca de Junho não está na recusa da representação — esta é tão somente o sinal de uma recusa mais profunda e democrática: está, antes, na recusa da alienação do poder do corpo social à forma do Estado (Clastres 2003: 219–220). Nas sociedades ditas primitivas, toda a política dos selvagens resume-se à luta para que o Estado não advenha, e para que esta alienação não se opere (Clastres 2011: 138). Em nossos Estados oligárquicos de direito (Rancière 2014: 92), caracterizados pelo sequestro do poder político em uma esfera separada do corpo social,[1] a política não deixa de ser, para nós, algo do que fora para as sociedades primitivas: recusar o sequestro do poder social em uma esfera separada chamada Estado; contraefetuar todo o dimorfismo social e político; afirmar uma igualdade radical sem precedentes e transformar essa afirmação em enunciado coletivo e em gesto político que pode ter *qualquer um* por porta-voz.

---

1. "La théorie de la souveraineité du peuple contient en elle-même sa négation. Si le peuple tout entier était vraiment souverain, il n'y aurait plus de gouvernement, plus des gouvernés. Le souverain serait réduit à zéro. L'État n'aurait plus la moindre raison d'être, il s'identifierait avec la société" (Guérin 2016: 27),

## DEVIR-TODO MUNDO

A verdadeira horizontalidade de Junho de 2013 não está na dinâmica formal das manifestações de rua; este é o horizontalismo fraco com o qual os intelectuais de Estado querem que nos confortemos. Assim como há em Junho, e nos black blocs, uma recusa do Estado como forma de consolidar a separação entre um corpo social e seu poder, há também um horizontalismo forte, a instauração de dinâmicas assembleares e da ocupação de espaços públicos que, politicamente, criam balões de ensaio para uma democracia radical por vir. Eis o terror de Platão e dos rostos despóticos: que os corpos anarquistas emerjam e vençam; que eles se auto-organizem e se autogovernem; e pior, que possam tomar todo mundo em um devir.

E se nossos corpos se portassem como pontos de expressão das relações de poder que efetivamente os atravessam? Se recuperassem, mesmo que de maneira efêmera, a potência ingovernável que deles foi separada para constituir os governos? Criaríamos outras composições para as forças, relações e corpos? Suscitaríamos outros encontros, uma nova ética, outros mundos, nascidos do gérmen apodrecido das nossas sociedades divididas e policiadas? Eis os problemas políticos radicais que as ações diretas propõem.

Devires constituem as linhas de fuga que definem um campo social. Desse ponto de vista, devires são forças que abrem uma formação social para além da sua matéria formada. Elas mobilizam a potência contra o ato, o virtual contra o atual, a política contra o ser, a realidade contra as ficções estruturais e o campo social contra os contratos. Isso permite compreender o black bloc não como um subconjunto de Junho, mas como um terreno de experimentação política, um campo de variação contínua que mantém uma relação de composição com as linhas de fuga que definem um campo social. Por isso, o black bloc não é responsável pelos devires de Junho, mas pode constituir um analisador geral na medida em que se instala em suas principais linhas de fuga.

A linha de fuga que Junho de 2013 fez passar — sobre a qual as caravanas black blocs se instalaram — consistiu no limite imanente de todas as fugas políticas: um *devir-todo mundo*. Nem fascismo, nem niilismo, nem denuncismo, nem espetáculo: as ações diretas, voltadas à destruição de propriedades e símbolos do capitalismo financeiro, e também contra o Estado, não eram imagens, mas exercícios profanatórios de poderes que encontramos dispersos e em funcionamento por toda a extensão do grande consórcio legal entre mercado e Estado. Os poderes de erguer barreiras, de impedir acessos, de constranger liberdades, de fazer fluir as ruas ou consumir e destruir mercadorias e propriedades. Em um regime de conexão assimétrica com as formas de exercício do poder sequestrado do campo social pela forma-Estado, as ações diretas instauraram cintilações divergentes, arrancaram partículas diferenciais.

Quando os black blocs afirmavam que "violento é o Estado", "o mercado", "o transporte público" ou "o dia a dia", "não as ações diretas", propõem uma distinção entre poder e violência (Corrêa 2017: 45); afirmam que a única condição para que se possa exercer o poder sem violência é que ele não seja sequestrado na forma do Estado e na ficção da representação; isto é, que ele permaneça inseparável das multiplicidades que compõem um dado campo social. As ações diretas são tão simbólicas quanto afirmativas e reais. Elas não são um duplo simétrico da violência do Estado; são manifestações de poder e práticas de sua aberta divergência em relação à violência sistêmica. "Destruir um símbolo" é afirmar a coincidência entre ação e discurso; praticar a distância real entre o exercício do poder e o da violência. O black bloc não faz "como" o

Estado; compõe uma nova paisagem sensível nas metrópoles com as polícias, os controles, o capital e a propriedade.

Mais do que *devir-ninguém*, o que está em jogo no black bloc é arrancar às formas de subjetividade imanentes aos controles de nossa época um *devir-imperceptível*. É nesse ponto que o anonimato do black bloc ganha todo o seu sentido e potência políticos. Dessubjetivar-se, *devir-ninguém* sempre nos expõe ao perigo de sermos rapidamente enquadrados pelos controles (Cocco e Tascheto 2017: 43). No entanto, *devir-ninguém* pode ser a máscara — jamais imune a riscos e perigos — sob a qual se dissimula um aspecto essencial do *devir-todo mundo*: a capacidade de fazer um movimento real passar despercebido (Deleuze e Guattari 2007: 74–75).

Deleuze (1998: 10) não cessou de dizer que devir não é imitar. Devir é "extrair partículas, entre as quais instauramos relações de movimento e repouso, de velocidade e lentidão, as mais *próximas* daquilo que estamos em vias de nos tornarmos, e através das quais nos tornamos" (Deleuze e Guattari 2007: 64). Isso exige que se crie uma zona de vizinhança — ou de indeterminação — entre aquilo que se é, o lugar em que se está, a vida que se vive e o que tudo isso vem a ser. Portanto, as grandes transformações são as que se deslocam anônimas, que parecem fazer parte de uma paisagem prosaica porque instauram uma zona de vizinhança entre o que se é e o que se vem a ser. Um devir não comporta a sabedoria do camaleão, que se colore com a paisagem, mas a malícia elusiva dos cefalópodes, que tingem o oceano para fugir. Não imitar a paisagem, mas compor com ela; pintá-la com as cores da fuga que vem. Os 20 centavos e, mais tarde, Amarildo, nomearam deslocamentos anônimos do desejo social que se tornou capaz de perceber os aspectos intoleráveis da vida em comum. Junho pintou uma paisagem e nos introduziu na atmosfera de indignação que o aumento ou o desaparecimento de Amarildo requeriam.

*Devir-todo mundo* implica, então, duas coisas: de um lado, passar despercebido pelas formas *a priori* da sensibilidade atual; de outro, instaurar uma composição capaz de fissurar essa sensibilidade de modo imperceptível. As sensibilidades policiadas só conseguem perceber um fenômeno como o black bloc nos seus próprios e exclusivos termos. Por isso, toda a má literatura sobre criminosos mascarados e sobre a sua suposta solidariedade com os circuitos capitalísticos do espetáculo. Toda essa paranoia intelectual é incapaz de explicar tanto os devires quanto as expressões concretas de um campo social. Isso talvez se deva menos à incapacidade teórica dos intérpretes e mais à potência do black bloc para *devir-imperceptível:* sua capacidade política está em fazer passar despercebido o movimento real de Junho precisamente ao permanecer sob as luzes dos holofotes.

Sensibilidades policiais não apenas não percebem o que se passa, como não percebem que algo se passa. Para percebê-lo, é preciso ter captado os movimentos políticos ou reais do campo social com o qual essas subjetividades insurgentes compõem. É preciso compreender como elas criam uma nova paisagem com a qual fazem contato; como produzem mundos comunicantes, mas que permanecem imperceptíveis sob o velho casaco do constituído.

O *devir-todo mundo* tem, pois, dois sentidos que se compõem entre os planos do transcendental e do empírico: um *devir-imperceptível*, que consiste em pintar o mundo com a sua cor, preparar uma paisagem; mas também, o ato de *instalar todo mundo em uma fuga,* produzir uma constelação de alternativas ao mesmo tempo distinta e interior àquela paisagem. Eis o que explica que se tenha compreendido tão mal o black bloc, especialmente os que o veem como procelárias dos tempos do espetáculo. O black bloc compõe com um campo social permeado por uma sensibilidade policial e espetacular. Por isso, sob o seu regime, tudo o que se pode perceber, ver e dizer sobre o black bloc dá-se nos termos dos seus próprios referenciais: niilismo político, espetáculo e crime.

Quando uma subjetividade política se choca com a sociedade em que a política foi sequestrada por uma oligarquia de Estado, toda ação política será chamada "antipolítica". Quando uma ação direta se choca contra uma sociedade policiada, todo extravasamento de seus códigos terá por nome "crime". Quando um fenômeno social se choca contra uma sociedade espetacular e pós-industrial, todo *possível* será visto como imagem reiterativa. Portanto, não deve soar paradoxal que o black bloc permaneça em uma anônima notoriedade. Em uma sociedade de ninguéns que lutam para ser alguém, sua singularidade permanece clandestina na medida em que qualquer um pode compor com um black bloc e em que o black bloc poderia compor com qualquer um; isto é, com todo mundo.

Nas margens dos legalismos ilegais do capitalismo, garantidos pelo consórcio com o Estado e suas polícias, composições de singularidades perseveram na potência de prefigurar uma outra vida em comum: sem a propriedade, sem o grande capital, sem a polícia, sem as sujeições hierárquicas e os dimorfismos que as sustentam, sem o Estado, que sequestra o poder do corpo social em uma esfera separada, e que separa os corpos anárquicos daquilo que eles podem. Talvez um pouco como dizem os pichadores que se recusam a entrar nas galerias de arte ("Fui crime, serei poesia"), também o black bloc possa dizer depois de Junho: "querem-nos crime porque muito antes teremos sido, e seremos, política".

# Procuram-se armas

AGAMBEN, Giorgio. *Mezzi senza fine: Note sulla politica*. Torino: Bollati Boringhieri, 1996.

\_\_\_\_\_. *L'aperto: L'uomo e l'animale*. Torino: Bollati Boringhieri, 2002.

\_\_\_\_\_. *Homo sacer: O poder soberano e a vida nua I*. Tradução de Henrique Burigo. Belo Horizonte: Editora da UFMG, 2007.

\_\_\_\_\_. *O que resta de Auschwitz* (Homo Sacer III). Tradução de Selvino J. Assman. São Paulo: Boitempo, 2008.

\_\_\_\_\_. *Nudez*. Tradução de Davi Pessoa. Belo Horizonte: Autêntica, 2014.

ARANTES, Paulo. *O novo tempo do mundo*. São Paulo: Boitempo, 2014.

ARENDT, Hannah. *Origens do totalitarismo*. Tradução de Roberto Raposo. São Paulo: Companhia das Letras, 2009.

\_\_\_\_\_. *Sobre a violência*. Tradução de André Duarte de Macedo. 3ª ed. Rio de Janeiro: Civilização Brasileira, 2011.

ARISTÓTELES. *Les politiques*. Tradução e apresentação de Pierre Pellegrin. 2ª ed. Paris: GF Flammarion, 1993.

AVELAR, Idelber. "The June 2013 uprisings and the waning of Lulismo in Brazil: Of antagonism, contradiction, and oxymoron". *Luso-Brazilian Review* 54: 1, 2017.

BERGSON, Henri. *Œuvres: Édition du centenaire*. Paris: Presses Universitaires de France, 2001.

\_\_\_\_\_. *Duração e simultaneidade*. Tradução de Cláudia Berliner. São Paulo: Martins Fontes, 2006.

BUCCI, Eugênio. *A forma bruta dos protestos: Das manifestações de junho de 2013 à queda de Dilma Rousseff em 2016*. São Paulo: Companhia das Letras, 2016.

CAVA, Bruno. *A multidão foi ao deserto: as manifestações no Brasil em 2013 (jun–out)*. São Paulo: Annablume, 2013.

CAVA, Bruno; MENDES, Alexandre. *A constituição do comum: Antagonismo, produção de subjetividade e crise no capitalismo*. Rio de Janeiro: Revan, 2017.

CHAUÍ, Marilena. "'Black blocs' agem com inspiração fascista, diz filósofa a PMs do Rio". *Folha de S. Paulo*, 27/08/2013.

CLASTRES, Pierre. *A sociedade contra o Estado: Pesquisas de antropologia política*. Tradução de Theo Santiago. São Paulo: Cosac Naify, 2003.

_____. *Arqueologia da violência: Ensaios de antropologia política*. Tradução de Paulo Neves. São Paulo: Cosac Naify, 2011.

COCCO, Giuseppe. *Mundobraz: O devir-mundo do Brasil e o devir-Brasil do mundo*. Rio de Janeiro: Record, 2009.

_____. *KorpoBraz: Por uma política dos corpos*. Rio de Janeiro: Mauad X, 2014.

COCCO, Giuseppe; TASCHETO, Marcio. "Eu (não) sou ninguém: A subjetividade sem nome". *Kalagatos*. Fortaleza, v. 14, n° 2, 2017. p. 37–57.

CORRÊA, Murilo Duarte Costa. "Para dar um fim à polícia". *Lugar Comum*. Rio de Janeiro, n° 50, junho/setembro, 2017. p. 33-48.

_____. "Rafael Braga Vieira: O singular e os universais da polícia". *Dilemas: revista de estudos e de conflito social*. Rio de Janeiro, v. 11, n° 2, 2018.

DARDOT, Pierre; LAVAL, Christian. *A nova razão do mundo: Ensaio sobre a sociedade neoliberal*. Tradução de Mariana Echalar. São Paulo: Boitempo, 2016.

DELEUZE, Gilles. *Spinoza et le problème de l'expression*. Paris: Presses Universitaires de France, 1968.

_____. *Foucault*. Paris: Presses Universitaires de France, 1983.

_____. *Nietzsche e a filosofia*. Porto: Rés-Editora, 2001.

_____. *Deux régimes de fous: Textes et entretiens (1975–1995)*. Paris: Les Éditions de Minuit, 2003.

_____. *Diferença e repetição*. Tradução de Luiz Orlandi e Roberto Machado. 2ª ed. Rio de Janeiro: Graal, 2006.

_____. *Conversações (1972–1990)*. Tradução de Peter Pál Pelbart. São Paulo: Editora 34, 2008.

_____. *El poder: Curso sobre Foucault*. Tomo II. Buenos Aires: Cactus, 2014.

DELEUZE, Gilles; GUATTARI, Félix. *Mil platôs: Capitalismo e esquizofrenia*. Vol. 4. Tradução de Suely Rolnik. São Paulo: Editora 34, 2007.

_____. *Mil platôs: Capitalismo e esquizofrenia*. Vol. 5. Tradução de Peter Pál Pelbart e Janice Caiafa. São Paulo: Editora 34, 2007.

_____. *O que é a filosofia?* Tradução de Bento Prado Júnior e Alberto Alonso Muñoz. São Paulo: Editora 34, 2007.

_____. *Mil platôs: Capitalismo e esquizofrenia*. Vol. 3. Tradução de Aurélio Guerra Neto, Ana Lúcia de Oliveira, Lúcia Cláudia Leão e Suley Rolnik. São Paulo: Editora 34, 2008.

DELEUZE, Gilles; PARNET, Claire. *Diálogos*. Tradução de Eloisa Araújo Ribeiro. São Paulo: Escuta, 1998.

DERRIDA, Jacques. *Mal de arquivo: Uma impressão freudiana*. Tradução de Cláudia de Moraes Rego. Rio de Janeiro: Relume-Dumará, 2001.

DESCOLA, Phillipe. *Par de là nature et culture*. Paris: Gallimard, 2005.

DOUZINAS, Costas. *Human rights and empire: The political philosophy of cosmopolitanism*. New York: Routledg-Cavendish, 2007.

_____. *Philosophy and resistance in the crises: Greece and the future of Europe*. Cambridge: Polity Press, 2013.

DUPUIS-DÉRI, Francis. *Black blocs*. Tradução de Guilherme Miranda. São Paulo: Veneta, 2014.

ESPINOSA, Baruch de. *Tratado teológico-político*. Tradução de Diogo Pires Aurélio. São Paulo: Martins Fontes, 2008.

_____. *Tratado político*. Tradução de Diogo Pires Aurélio. São Paulo: Martins Fontes, 2009.

FAVARETTO, Celso. *Tropicália, alegoria, alegria*. 4ª ed. Cotia: Ateliê Editorial, 2007.

FIGUEIREDO, Ney. "Os empresários e os movimentos de rua". In: FIGUEIREDO, Rubens (Org). *Junho de 2013: A sociedade enfrenta o Estado*. São Paulo: Summus Editorial, 2014. p. 61-72.

FRATESCHI, Yara; RIBEIRO, Nádia Junqueira. "Entrevista: Yara Frateschi". *Inquietude*. Goiânia, vol. 4, nº 2, jul/dez, 2013. p. 178-187.

FOUCAULT, Michel. "Qu'est-ce que la critique? Critique et Aufklärung". *Bulletin de la Société française de philosophie*. Tradução de Gabriela Lafetá Borges. Vol. 82, nº 2, abr/jun 1990 (Conferência proferida em 27 de maio de 1978). p. 35-63.

_____. *Dits et écrits*. Paris: Quarto/Gallimard, 2001.

_____. "Le philosophe masqué". In: *Dits et écrits*. II (1976-1988). Paris, Quarto/Gallimard, 2001. p. 923-929.

_____. *Em defesa da sociedade*. Tradução de Maria Ermantina Galvão. São Paulo: Martins Fontes, 2002.

_____. *Hermenêutica do sujeito*. Tradução de Márcio Alves da Fonseca e Salma Tannus Michail. São Paulo: Martins Fontes, 2006.

_____. *Segurança, território, população*. Tradução de Eduardo Brandão. São Paulo: Martins Fontes, 2008.

_____. *História da sexualidade: a vontade de saber 1*. Tradução de Maria Thereza da Costa Albuquerque e J. A. Guilhon Albuquerque. 19ª ed. Rio de Janeiro: Graal, 2009.

_____. *Vigiar e punir: Nascimento da prisão*. Tradução de Raquel Ramalhete. 40ª ed. Petrópolis: Vozes, 2012.

GUÉRIN, Daniel. *L'anarchisme: De la doctrine à la pratique*. Paris: Éditions Gallimard, 2016.

GOHN, Maria da Glória. *Manifestações de junho de 2013 no Brasil e praças dos indignados no mundo*. Petrópolis: Vozes, 2014.

HAN, Byung-Chul. "Por que hoje a revolução não é possível?" *El País*, 03/10/2014.

HARDT, Michael; NEGRI, Antonio. *Declaração: Isto não é um manifesto*. Tradução de Carlos Szlak. São Paulo: n-1 edições, 2014.

HOBBES, Thomas. *Do cidadão*. Tradução de Renato Janine Ribeiro. São Paulo: Martins Fontes, 2002.

_____. *Os elementos da lei natural e política*. Tradução de Bruno Simões. São Paulo: Martins Fontes, 2010.

JUDENSNAIDER, Elena et al. *Vinte centavos: A luta contra o aumento*. São Paulo: Veneta, 2013.

LA BOÉTIE, Etienne. *Discurso da servidão voluntária*. Tradução de Laymert Garcia dos Santos. São Paulo: Brasiliense, 1982.

LACAN, Jacques. "D'une question préliminaire à tout traitement possible de la psychose". In: *Écrits*. Paris: Éditions du Seuil, 1966. p. 531–583.

LAPOUJADE, David. "O corpo que não aguenta mais". In: LINS, Daniel; GADELHA, Sylvio (Orgs.). *Nietzsche e Deleuze: Que pode o corpo*. Rio de Janeiro: Relume-Dumará, 2002. p. 81–90.

LAZZARATO, Maurizio. *As revoluções do capitalismo*. Tradução de Leonora Corsini. Civilização Brasileira, 2006.

MARICATO, Ermínia et al. *Cidades rebeldes: Passe livre e as manifestações que tomaram as ruas do Brasil*. São Paulo: Boitempo e Carta Maior, 2013.

MELMAN, Charles. *O homem sem gravidade: Gozar a qualquer preço*. Entrevistas por Jean-Pierre Lebrun. Tradução de Sandra Regina Felgueiras. Rio de Janeiro: Companhia de Freud, 2003.

NEGRI, Antonio. *De volta: Abecedário biopolítico*. Entrevistas com Ande Dufourmantelle. Rio de Janeiro: Record, 2006.

_____. *La fábrica de porcelana: Una nueva gramatica de la política*. Traducción de Susana Lauro. Barcelona: Paidós, 2008.

NEGRI, Antonio; COCCO, Giuseppe. *Glob(AL): Biopoder e luta em uma América Latina globalizada*. Tradução de Eliana Aguiar. Rio de Janeiro: Record, 2005.

NEGRI, Antonio; HARDT, Michael. *Império*. Tradução de Berilo Vargas. 8ª ed. Rio de Janeiro: Record, 2006.

NIETZSCHE, Friedrich Wilhelm. *Genealogia da moral: Uma polêmica*. Tradução de Paulo César de Souza. São Paulo: Companhia das Letras, 2008.

NOGUEIRA, Marco Aurélio. *As ruas e a democracia: Ensaios sobre o Brasil contemporâneo*. Rio de Janeiro: Contraponto, 2013.

NUNES, Rodrigo. "June n'est pas fini". *In: Les temps modernes*, nº 678, 2014. p. 4-23.

OLIVEIRA, Ana de (Org.). *Tropicália ou panis et ciercencis*. São Paulo: Iyá Omin, 2010.

ORTELLADO, Pablo. "A negação de Junho, 4 anos depois". *Folha de S.Paulo*, 18/06/2017.

PINTO NETO, Moysés. "A hipótese anarquista". *In: Sopro*, nº 96. Setembro de 2013.

POMAR, Marcelo. "Não foi um raio em céu azul". *In:* JUDENSNAIDER, Elena et al. *Vinte centavos: A luta contra o aumento*. São Paulo: Veneta, 2013. p. 08-19.

PINHEIRO, Paulo Sérgio. "Governo democrático, violência e estado (ou não) de direito". In: BETHELL, Leslie (Org.). *Brasil: Fardo do passado, promessa do futuro. Dez ensaios sobre política e sociedade brasileira*. Rio de Janeiro: Civilização Brasileira, 2002. p. 237-269.

PLATÃO. *A república*. Tradução de Maria Helena da Rocha Pereira. 13ª ed. Lisboa: Fundação Calouste Gulbenkian, 2012.

_____. *Œuvres complètes, sous la direction de Luc Brisson*. Paris: Flammarion, 2011.

RANCIÈRE, Jacques. *O desentendimento: Política e política*. Tradução de Ângela Leite Lopes. São Paulo: Editora 34, 1996.

_____. *Ódio à democracia*. Tradução de Mariana Echalar. São Paulo: Boitempo, 2014.

RODRIGUES, Jorge Caê. *Anos Fatais: Design, música e tropicalismo*. Rio de Janeiro: Novas Ideias, 2007.

ROSENFELD, Denis. "Entre o libertário e a usurpação". *In:* FIGUEIREDO, Rubens (Org). *Junho de 2013: a sociedade enfrenta o Estado*. São Paulo: Summus Editorial, 2014. p. 133-144.

SOLANO, Esther et al. *Mascarados: A verdadeira história dos adeptos da tática black bloc*. São Paulo: Geração Editorial, 2014.

SOUZA, Jessé. *A tolice da inteligência brasileira: Ou como o país se deixa manipular pela elite*. São Paulo: LeYa, 2015.

SUTTER, Laurent de. *Aprés la loi*. Paris: Presses Universitaires de France, 2018.

_____. *Poétique de la police*. La Roque d'Anthéron: Rouge Profond, 2017.

TOM ZÉ. *Tropicalista, lenta luta*. São Paulo: Publifolha, 2003.

VIVEIROS DE CASTRO, Eduardo. *A inconstância da alma selvagem e outros ensaios de antropologia*. São Paulo: Cosac Naify, 2002.

## CRÉDITOS DAS IMAGENS

Todas as imagens reproduzidas em *Filosofia black bloc*, capa e contracapa, foram gentilmente cedidas pela fotógrafa Katja Schilirò (2013). Exceto: 1) Imagem de abertura de "Contra o rosto" (de Madalena Schwartz, circa 1975, cedida graciosamente pelo Instituto Moreira Sales); 2) Imagem de abertura de "Filosofia dos corpos misturados" (de Reinaldo de Moraes, 1977; fotograma reproduzido com autorização do criador, Chico Andrade); 3) Imagem de abertura de "Beaglepolitik" (fotografia de autoria desconhecida, cedida por ALF — Frente de Liberação Animal).

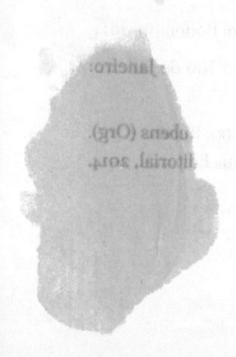

Filosofia black bloc é um texto de ficção.
Qualquer alusão a fatos ou pessoas é meramente incidental.
Adverte-se aos curiosos que se imprimiu este livro em 13 de agosto de
2020, em tipologia Libertine, com diversos sofwares livres, entre eles,
LuaLaTeX, git & ruby.
(v. 1357028)